Walter Wannenmacher · Der Beutewert der Deutschen

Walter Wannenmacher

# Der Beutewert der Deutschen

## Bestandsaufnahme für die 80er Jahre

Herbig

Schutzumschlag: Christel Aumann, München
Satz: VerlagsSatz Kort GmbH, München
Druck und buchbinderische Verarbeitung:
Druckerei Jos. C. Huber KG, Dießen
Printed in Germany

ISBN 3-7766-1014-X

# Inhalt

# Vorwort

Vorurteile werden durch langjährigen Gebrauch oft zu Axiomen, an denen kein Zweifel erlaubt ist, mögen sich auch die Voraussetzungen inzwischen geändert haben und Zweifel rechtfertigen. Zweck dieser Schrift war es, die Interessenlage der Bundesrepublik zu analysieren und zu prüfen, inwieweit die Axiome der deutschen Politik einer Konfrontation mit den geänderten Tatsachen standhalten.
1973, als die erste Auflage dieses Buches geschrieben wurde, waren zwei fundamentale Tatsachen erst andeutungsweise sichtbar: die dauernde Unfähigkeit des Ostblocks, sich selbst zu ernähren, und die Fähigkeit der Amerikaner, wegen ihrer Benzinversorgung aus Mittelost-Öl den dritten Weltkrieg zu riskieren. Da beide Tatsachen heute kaum noch bezweifelt werden können, war eine Aktualisierung der betreffenden Passagen erforderlich.
1973 stand die Bundesrepublik im Begriff, die stärkste Finanzmacht als Rivale der USA zu werden. Die von der Bundesregierung nonchalant behandelte Passivierung der deutschen Leistungsbilanz hat diese gewaltige Chance der deutschen Politik hinfällig werden lassen. Auch diesbezüglich war eine Aktualisierung des Textes erforderlich. Im übrigen mußte an den Grundlinien der Darstellung nichts geändert werden. Ihr Ziel ist es, das Axiom »amerikanischer Schutz« ad absurdum zu führen. Wobei es keineswegs phantastisch ist, damit zu rechnen, daß eines Tages an Stelle der überalterten Ideologen im Kreml eiskalte Pragmatiker das Sagen haben werden, die gemäß den Interessen ihres Imperiums handeln.

*W. W.*

1. KAPITEL

# Das venezianische Potential

Macht besitze ich, wenn ich jemanden dahin bringen kann, etwas zu tun oder zu unterlassen, was er ohne mein Einwirken nicht täte oder unterließe. Meine Einwirkungsmöglichkeiten reichen von der Überredung bis zum Zwang. Sie sind lustbetont, bei manchen Menschen – Politikern – mit einem geradezu manischen Akzent. Die von mir gewünschte Verhaltensweise eines Menschen kann ich erreichen, indem ich einen Gegenwert biete: einen Vorteil oder die Vermeidung eines Nachteiles – das heißt Lustgewinn oder die Vermeidung von Unlust. Es kann sich um den mit dem Empfang eines Trinkgeldes verbundenen Lustgewinn handeln oder im Extremfall um die Vermeidung der Unlust des Gehängtwerdens.

Akzeptiert man die gegebene Definition der Macht, dann kann sie nur ausgeübt werden, sofern es Menschen gibt, die auf andere einwirken wollen und solche, die bereit sind, auf eine Einwirkung hin etwas zu tun oder zu unterlassen. Die Erfahrungstatsache »Macht« allein beweist, daß es zweierlei Menschen gibt, die wir Subjekte und Objekte des Geschehens nennen wollen. Letztere gibt es in so großer Zahl, daß man von »Masse« sprechen kann, während erstere nur in einzelnen Exemplaren aus der Masse abgesondert werden. Die an die Macht Delegierten (Beamte) können wir beiseite lassen, weil sie für unsere Untersuchung unwesentlich sind. Ihre gesellschaftliche Funktion ist gewiß kaum zu unterschätzen, denn alle Systeme der Macht hängen von ihrem Fleiß, ihrer Intelligenz und Zuverlässigkeit ab. Sie dienen den Systemen der Macht, aber nur in Ausnahmefällen stürzen sie diese Systeme.

Entscheidend sind die hinter ihnen stehenden Machthaber, die sich von allen übrigen Menschen dadurch unterscheiden, daß sie den schweren und riskanten Lebensweg zur Macht wählten, obwohl es ihnen freigestanden hätte, einen anderen, bequemeren Weg einzuschlagen. Wir nennen diese Menschen Politiker.

Was ist nun Beute? Weshalb zieht der Mensch aus, um in offener Feldschlacht Waffen und Sklaven zu erbeuten, weshalb erwirbt er im Markt die Mehrheit einer Aktiengesellschaft? Der mit Beute beladene Soldat – Objekt des Geschehens – genießt den Besitzerstolz, den Lustgewinn seines Geltungstriebes. Dasselbe gilt für den kleinen Mann, der im Markt erfolgreich war und nun in einen neuen, größeren Wagen umsteigen kann. Seine Aggressivität, die ihn das Risiko der offenen Feldschlacht oder des Marktes aufsuchen ließ, war auf ein ganz konkretes Ziel gerichtet: Mehrung seines materiellen Besitzes und damit Mehrung seines gesellschaftlichen Ansehens.

Der Feldherr oder der Konzernherr – Subjekte des Geschehens – hatten wohl nebenbei auch solche konkreten Ziele im Auge. Bei ihnen kommt jedoch als Antriebsmoment etwas Immaterielles hinzu: Ruhm, ein noch größerer

Feldherr, ein noch größerer Konzernherr zu sein und die Möglichkeit, mehr Menschen dahin bringen zu können, daß sie etwas tun oder unterlassen, was sie ohne Sieg oder Erwerb der Aktienmajorität nicht täten oder unterließen. Der Lustgewinn bei der Huldigung erbeuteter Untertanen, den Friedrich II. einst in Schlesien genoß, entspricht durchaus demjenigen, den der neue Majoritätsherr genießt, wenn er einem Belegschaftsmitglied wohlwollend auf die Schulter klopft oder wenn Breschnew vor die zum Appell befohlene Belegschaft eines Budapester Industrie-Betriebs tritt. Gemeinsam ist ihnen das Vergnügen an der Beute »Macht«. Gäbe es dieses Vergnügen nicht, stünde die Weltgeschichte still und die Lämmer könnten friedlich neben Löwen schlafen. Die Fähigkeit, andere Menschen in den Dienst ihres Aggressionstriebs zu stellen, hebt die Subjekte des Geschehens über die große Masse der Objekte heraus. Meister in der Koordination des Aggressionstriebs vieler Menschen auf ein gemeinsames Ziel hin werden von den Historikern als große Männer gefeiert.
Hingegen wird der allein auf sich selbst gestellte Bankräuber – falls man ihn erwischt – eingesperrt. Es gilt nicht als fein, etwas für sich selbst zu erbeuten, für seinen materiellen Bedarf. Der Straßenräuber wird schimpflich gehenkt, der über Gefolgsleute gebietende Raubritter erheblich höflicher behandelt und der Landesfürst wird sogar geehrt. Was er erbeutet, dient zum Teil auch dem Wohl und dem Ruhm der Landeskinder.
Politisch ist nur die – mehr oder weniger dürftig – durch

das Gemeinwohl legitimierte Beute interessant. Es liegt im Sinne des Wortes »Beute«, daß diese erstritten oder erlistet wurde. Die bedingte oder unbedingte Verfügungsgewalt über ein Machtpotential ist nur dann »Beute«, wenn jemand da ist, der sie ebenfalls ausüben könnte oder wollte. Mehrere Raubtiere sind für den Begriff »Beute« denknotwendig.

Der Wert dieser Beute wird daran zu messen sein, inwieweit die erworbene Verfügungsgewalt das eigene Machtpotential und die verlorene Verfügungsgewalt das rivalisierende Machtpotential stärken würde. Wir sprechen hier von einem rationalen Beutewert (Beispiel: die Halbinsel Sinai für Israel). Es gibt aber auch irrationale Beutewerte, wie etwa den Südtirols für Italien. Obwohl eine ewige Quelle des Ärgernisses, obwohl keines Italieners Sicherheit oder Wohlstand von diesem 1918 erbeuteten Landzipfel abhängt, ist keine italienische Regierung denkbar, die es wagen könnte, Südtirol an Österreich zurückzugeben. Wenn wir im Folgenden von einem Beutewert der Deutschen sprechen, dann haben wir ausschließlich den rationalen Aspekt im Auge. Er besteht in der Möglichkeit einer fremden Macht, eine deutsche Regierung dahin zu bringen, etwas zu tun oder zu unterlassen, was sie ohne diese Einwirkung nicht täte oder unterließe. Die einwirkenden und gegenwirkenden Menschen sind Politiker.

Allein aus der Tatsache, daß jemand Politiker wurde, obwohl er seinen Lebensunterhalt auch als Objekt des Geschehens gefunden hätte, ist zu folgern, daß ihn die Möglichkeit der Machtausübung faszinierte wie den Falter das

Licht. Alle Menschen, die geschichtliches Geschehen bewirkten, ohne die hierfür erforderliche Macht geerbt zu haben, mußten irgendwann, ebenso wie Adolf Hitler, »beschlossen haben, Politiker zu werden«. Andere Menschen hätten diesen Beschluß auch fassen können. Sie zogen es jedoch vor, ihren Lebensunterhalt durch mehr oder weniger ehrliche Arbeit zu verdienen, wenn sie nicht über ein hinreichendes arbeitsfreies Einkommen verfügten.

Das Rätsel, daß einige wenige Menschen immer wieder geboren werden, die später einmal den Beschluß fassen, Politiker zu werden, scheint den Schlüssel zum Verständnis der Menschheitsgeschichte schlechthin zu bergen. Weshalb war Alkibiades nicht nur ein Playboy, Cicero nicht nur ein gut verdienender Anwalt, Richelieu nicht nur ein Priester, Disraeli nicht nur ein Bankier, Rathenau nicht nur ein Generaldirektor der AEG? Man sagt, sie seien eben ehrgeizig gewesen. Aber sie hätten ihren Ehrgeiz auch anders plazieren können. Winston Churchill, der sich seit Jugend her fürs Militärische begeisterte, hätte General werden können, Stresemann Syndikus eines Industriellenverbandes, Ignaz Seipel Prälat. Viele, die der Ehrgeiz zu einer Karriere als Industrielle, Bankiers, Verwaltungsbeamte führte, wurden nicht Politiker, sie dachten nicht einmal – wie Don Carlos – daran, zur Zeit etwas für ihre Unsterblichkeit tun zu müssen.

Mit dem allgemeinen Wort »Ehrgeiz« ist nichts erklärt. Es muß sich bei dem Beschluß, Politiker zu werden, um etwas anderes, vielleicht um eine besondere Form des Ehrgeizes handeln. Umfragen, weshalb irgendwelche Leute

Politiker wurden, können ebenso wenig eine Aufklärung bieten wie Selbstbiographien. Denn es spricht viel dafür, daß die Hintergründe des Beschlusses, Politiker zu werden, nicht nur mit Fleiß vor der Öffentlichkeit verborgen werden, sondern daß sie dem Subjekt des Beschlusses auch selbst verborgen bleiben. Wer sich mit vorsichtigen, anscheinend harmlosen Fragen an das Unterbewußtsein der Politiker herantastet, dürfte bei der Analyse dieser ebenso seltenen wie gefährlichen Exemplare der Spezies »Mensch« zu ähnlichen Ergebnissen kommen, wie sie im Folgenden dargestellt sind.

Daß es sich bei dem Politiker um ein irrationales Phänomen handelt, geht allein aus der Tatsache hervor, daß die Geschichte unvernünftig abläuft, das heißt, daß die Ergebnisse politischer Entschlüsse nicht den Interessen der Menschen so entsprechen, wie es vernünftigerweise retrospektiv möglich erschienen wäre. Rational bietet die Analyse keines Politikers Überraschungen. Er ist intelligent, sofern man als Intelligenz die Fähigkeit zum raschen Erfassen von Kausalzusammenhängen versteht. Er ist aber keineswegs weise, sofern man unter Weisheit die Interpretation von Erfahrungstatsachen auf lange Sicht versteht. Ein weise gewordener Mensch müßte aufhören, Politiker zu sein. Denn er begriffe die in alle Evolutionen eingebaute Rückkoppelung, derzufolge ein bestimmtes Streben nach anfänglichen Erfolgen zu paradoxen Mißerfolgen führt. Man zertrümmert ein Weltreich am nachhaltigsten, indem man einen jüngeren Rivalen mit Erfolg bekämpft (England). Beim vorletzten Erfolg nicht eingehalten zu haben, bringt den Untergang (Napoleon). Wer ein Tausendjähriges Reich begründen will, scheitert nach anderthalb Jahrzehnten (Hitler). Wer mit Inflation Wohlstand schaffen will, zerstört das den Wohlstand tragende System, den Kapitalismus (Chile). Materialistische Zielsetzung zwingt zu idealistischer Methodik (Rußland). Allzulange Scheu vor Dirigismus mündet zuletzt in exzessiven Dirigismus (Bundesrepublik).

Politisches Handeln steht unter der Maxime: ago quia absurdum est. Etwas zu tun, von dem man weiß, daß die Folgen absurd sein werden, widerspricht aber der ratio. Will er vor der Selbstkritik der ratio bestehen, muß der Politiker vor der Absurdität die Augen schließen. Er muß sich einreden, er werde das von der Erfahrung überlieferte Prinzip der Rückkoppelung überlisten, die von ihm initiierte Entwicklung werde im Gegensatz zu prinzipiell ähnlichen historisch überlieferten Entwicklungen nicht paradox enden. Diese perspektivische Blindheit erklärt die Tatsache, daß Geschichte mit wenigen Ausnahmen (Benjamin Franklin!) von Männern gemacht wird, die sich ex post als erstaunlich kurzsichtig erwiesen haben. Hätte Cäsar nicht wissen müssen, daß er ermordet werden wird? Hätte nicht Karl V. wissen müssen, daß ein Reich, in dem die Sonne nicht untergeht, zerfallen muß? Hätte nicht Metternich wissen müssen, daß es vergeblich ist, den Absolutismus zu verteidigen? Heute schütteln wir die Köpfe über so anscheinend erstaunliche Irrtümer, merken aber nicht, daß ähnlichen Irrtümern wahrscheinlich auch unsere zeitgenössischen Politiker zum Opfer fallen.

Ein irrender Mensch, der sich nach Unsterblichkeit sehnt – das ist der Politiker. Unsterblichkeit im Rahmen der Familiengeschichte erstrebt auch der brave Patriarch, der ein Haus baut oder einen Baum pflanzt und dadurch in der Erinnerung der Enkel lebendig bleiben will. Der Bürgermeister, der ein Gemeindehaus baut, erstrebt Unsterblichkeit bereits in einem größeren Rahmen, dem des Dorfes – was ihn als Politiker kennzeichnet. Denn der Politiker will auf eine größere Zahl von Menschen wirken und vernachlässigt aus diesem Grunde meist den Wirkungsbereich des normalen Menschen, die Familie. Er faßt den Beschluß, Politiker zu werden, in dem Augenblick, da ihm dreierlei bewußt wird: erstens die Fähigkeit, auf einen größeren Kreis von Menschen zu wirken, zweitens, diesen Kreis zu erweitern, drittens, den mit dieser Erweiterung verbundenen Machtzuwachs besser für seine eigene Unsterblichkeit zu nützen als irgendein anderer, der nach denselben Zielen strebt.
Die Fähigkeit, auf Menschen zu wirken, impliziert eine Bereitschaft dieser Menschen, sich einzuordnen, ja unterzuordnen. Damit verleihen sie dem Politiker Macht, weil er sie dahin bringen kann, etwas zu tun oder zu unterlassen, was sie ohne seine Einwirkung nicht täten oder unterließen. Wer einmal die rauschhafte Lust der Einwirkung auf eine größere Zahl von Menschen erlebt hat, will sie wieder erleben, und da die Intensität des Lustgewinns offenbar von der Zahl der Menschen abhängt, die ihn durch ihre Bereitschaft zur Einordnung und Unterordnung bescheren, will derjenige, der einmal von der Macht gekostet

hat, immer mehr davon haben; soviel wie die Konkurrenz mit anderen Machthungrigen nur immer zuläßt.
Die Konkurrenz der Machthungrigen bewirkt eine Auslese, die die Schwächeren, Sanfteren, Weiseren zum Fallen und die Starken, Expansiven, Gerissenen an die Spitze bringt. Wir finden daher bei solchen, die die Auslese welcher Art auch immer passierten, etwas, das wie Besessenheit aussieht. Der Politiker ist besessen von einer Idee des Dienens am Gemeinwohl, wobei die Gemeinschaft Staat oder Volk, aber auch Klasse, Verband, Verein sein kann. Mit diesem Dienst rechtfertigt er vor sich selbst den Genuß der Macht ebenso wie den Mißbrauch der Macht zum Zweck ihrer Vergrößerung.
Politik heißt, auf Beute ausgehen und verhindern, selbst Beute zu werden – wobei der Wert der Beute an der mit der Verfügungsgewalt über sie verbundenen Macht gemessen wird. Wer Macht besitzt, so lehrt die Erfahrung, will noch mehr Macht. Fälle freiwilligen Machtverzichts sind seltene Ausnahmen. Daraus folgt, daß die ratio bei der Machtausübung nur eine untergeordnete Rolle spielt. Sie ist maßgebend bei der Auswahl der Anwendung des Instrumentariums der Macht. Aber als Expansionskontrolle erweist sie sich gegenüber der Besessenheit meist als zu schwach. Daher die Unvernunft der Geschichte.
Streben alle Machthaber nach besserem Schutz und besserer Expansionsmöglichkeit ihrer Machtsphäre, muß das System, in dem die Geschichte der Menschheit abläuft, extrem instabil sein. Es gibt in diesem System keinen status quo, weil sich die Konstellationen dauernd ändern. Was

die Veränderung der Konstellationen der aufeinander einwirkenden Machtströme bewirken kann, wollen wir ein Potential nennen. In dieser Hinsicht ist der Begriff des militärischen Potentials seit jeher gebräuchlich. Später kam der Begriff des industriellen Potentials auf. Eine Analyse der Entwicklung seit dem Zweiten Weltkrieg zwingt aber dazu, die Begriffe des venezianischen und des ideologischen Potentials hinzuzufügen.

Von den normalen Menschen wissen wir, daß ihre Bereitschaft, etwas vom Machthaber Gewolltes zu tun oder zu unterlassen, entweder rational oder emotional motiviert sein kann, wobei Mischfälle die Regel sind.

Der Angestellte, der tut, was der Chef befiehlt, handelt rational. Er sieht im Gehorsam entweder einen materiellen Vorteil oder er kann mit ihm einen materiellen Nachteil vermeiden. Maßgebend für seinen Entschluß, zu gehorchen, ist seine Einschätzung der Chancen, einen anderen, vielleicht besseren Arbeitsplatz zu finden. Die Macht des Chefs hängt von der Angebot-Nachfrage-Proportion ab auf dem Markt, der für die Arbeitskraft des Angestellten maßgebend ist.

Der Student, der dem Aufruf eines Politikers folgt, auf die Straße geht und gegen den Schah von Persien demonstriert, handelt emotional. Ob es den Schah von Persien gibt oder nicht, ob er gut oder schlecht regiert, ist materiell für den Studenten gleichgültig. Er hat die Behauptung des Politikers gehört, der Schah trage die Verantwortung für etwas, was der Student als abscheulich empfindet. Obwohl er die Behauptung nicht überprüfen kann, glaubt er ihr, weil er ihr zu glauben wünscht. Sein Aggressionstrieb braucht ein empörendes Objekt (hier handelt es sich um einen Trieb, weil der mit ihm verbundene Lustgewinn nach Erreichung des Aggressionszieles wenigstens vorübergehend abklingt, wie beim Sexualtrieb). Er sucht den Lustgewinn der Entrüstung. Aber nicht jedes von einem Politiker angebotene Entrüstungsobjekt würde ihm diesen Lustgewinn verschaffen. Nehmen wir an, er würde aufgerufen werden, gegen die Verbringung unliebsamer Politiker in russische »Nervenheilanstalten« zu demonstrieren oder gegen politische Prozesse in Prag. Unser Student würde einem solchen Demonstrationsappell nicht folgen. Weshalb nicht?

Primär richtet sich der Aggressionstrieb der sorgenfrei aufgewachsenen Söhne gegen das Establishment der Väter. Die Demonstration gegen den Schah verheißt Lustgewinn, weil sie die Väter ärgert, die Demonstration gegen ein politisches Urteil im Osten dagegen nicht, weil sie wohlhabenden Vätern angenehm wäre. Wer die Gefolgschaft junger Männer sucht und sie in ihrer Wunschrichtung manipulieren will, muß den in ihrem Unterbewußten wirksamen Ödipus-Komplex berücksichtigen. Das heißt, das angebotene Entrüstungsobjekt wird akzeptiert, wenn es irgendwie die väterliche Gewalt symbolisiert, oder im übertragenen Sinne, irgendeine Gewalt, der man sich selbst ausgeliefert fühlt: zum Beispiel Lehrer, Vorgesetzte, Polizisten. Indem der nach Macht Strebende ein solches Objekt anbietet, gewinnt er Gefolgschaft und damit Macht. Denn die Demonstranten oder die Anhänger tun etwas, was sie ohne seine Einwirkung nicht täten: zumindest erregen sie öffentliches Aufsehen und sie demonstrieren, welche Anhängerschaft der Politiker mobilisieren kann. Vermeintlich demonstrieren sie gegen den Schah von Persien, in Wirklichkeit jedoch demonstrieren sie das Machtpotential des betreffenden Politikers, das er braucht, um noch mehr Anhänger an sich zu ziehen. Mit dem gebotenen Lustgewinn der Emotion hat er Macht begründet. Sein Bündniswert für andere, in ähnlicher Richtung operierende Politiker steigt. Politik ist die Kunst, den eigenen Bündniswert zu steigern. Ihr Ziel ist die Erbeutung oder die Sicherung von Macht. Was diesem Ziel dienen kann, besitzt einen Beutewert: innenpolitisch zum Beispiel das Abgeordnetenmandat, außenpolitisch etwa die Gewinnung eines den Gegner bedrohenden Flottenstützpunktes.

Mischfälle zwischen rationaler und emotionaler Machtbegründung stellen gewerkschaftliche Demonstrationen dar. Der materielle Vorteil des höheren Lohnes wird mit dem emotionalen Moment des als empörendes Unrecht empfundenen gegenwärtigen Lohnes gekoppelt.

Voraussetzung für die rationale Variante der Machtbegründung ist das Vorhandensein eines Marktes. Wo immer Waren oder Leistungen angeboten oder nachgefragt sind, wo immer die Verfügungsgewalt über das Angebotene gegen Geld oder andere materielle Opfer erworben werden kann, entsteht das Kraftfeld »Markt«. Es ist prinzipiell unerheblich, ob das Angebot eine Ware, eine Dienstleistung oder die Stimmenabgabe für eine bestimmte Partei betrifft, ob die Nachfrage als Gegenwert Bargeld oder irgendwelche künftige Verbesserungen der Infrastruktur bietet: immer handelt es sich darum, daß die Anbieter nicht unbedingt das tun müssen, was die Nachfrager von ihnen wollen und daß die Nachfrager nicht unbedingt das haben müssen, was angeboten ist. Eine gewisse, wenngleich begrenzte Entschlußfreiheit auf beiden Seiten ist Voraussetzung eines Marktes. Daher besteht die Kunst des Machterwerbs auf dem Markt darin, die Entschlußfreiheit der Partner einzuengen.

Marktmacht wird sowohl von der Fähigkeit bestimmt, auf das zu verzichten, was die Partner anzubieten haben, wie von der Fähigkeit der Partner, das zu behalten, was sie selbst anzubieten haben.

Beispiel: Tun sich mittelöstliche Ölländer zusammen, um ihren Abnehmern einen höheren Preis aufzuzwingen, dann wird diese Machtprobe zu einem Erfolg führen, wenn sie selbst längere Zeit auf Ölabsatz verzichten können, die Abnehmer aber nicht längere Zeit auf Öllieferungen.

Für jede Marktmacht – beispielsweise für die der Gewerkschaften – gilt das gleiche. Ist es vorhersehbar, daß über einen gewissen Zeitraum die Arbeitgeber an dem Verzicht auf das Laufen eines Betriebes schwerer tragen als die Arbeitnehmer, wird es zu der eigentlichen Machtprobe gar nicht kommen. Die Arbeitgeber werden allein vor dem Machtpotential der Gewerkschaften zurückweichen. Wir können daher von dem Machtpotential eines Landes sprechen, wenn wir dessen voraussehbare Fähigkeit zum Verzicht auf Austausch von Gütern oder Leistungen ins Auge fassen.

Aus dieser Überlegung folgt, daß die Verfügungsgewalt über Rohstoffe, die andere Länder nur schwer entbehren können, wirtschaftliche Macht begründet; desgleichen die Verfügungsgewalt einer Regierung über ihre Untertanen, die es ihr ermöglicht, ihnen Verzicht aufzuzwingen. Das wirtschaftliche Machtpotential der Deutschen Demokratischen Republik beispielsweise ist groß, weil ihre Regierung darin geübt ist, die Bewohner zu gewissen Verzichten zu zwingen. Dasselbe Potential der Bundesrepublik hingegen ist klein, weil keine Regierung in Bonn die Bewohner zu Verzichten zwingen würde, die die Opposition als überflüssig hinstellen könnte. Ebensowenig darf es Bonn auf eine Machtprobe mit dem winzigen Libyen ankommen lassen, solange die Bundesrepublik nur schwer auf das Öl verzichten kann.

Es ergibt sich der Schluß, daß ein hochindustrialisiertes, demokratisch regiertes Land notwendigerweise wirtschaftspolitisch ohnmächtig und leicht verletzlich ist. Die Behauptung, die Bundesrepublik sei eine wirtschaftliche Großmacht, klingt zwar angenehm in den Ohren, sie widerspricht aber der Logik. Auf den ersten Blick erscheint mit dieser Logik die Erfahrungstatsache unverträglich, daß in den letzten hundert Jahren – seit dem amerikanischen Sezessionskrieg – reguläre militärische Auseinandersetzungen von dem Gebiet des stärkeren Industriepotentials gewonnen wurden. In der Tat wurde mit der Technisierung des Krieges das militärische Potential eine Funktion des Ausrüstungs- und Ersatzbeschaffungspotentials. Insofern baut militärische Macht auf industriellen Kapazitäten auf.

Denkt man sich aber die Möglichkeit einer Anwendung militärischer Macht weg, dann bedeutet die Industrie eines Landes eher einen machtpolitischen Ballast. Ein Industrieland kann weder auf fremde Rohstoffe verzichten noch auf ausländische Kunden. Es muß die Kunden höflich empfangen und es darf auch seine Lieferanten nicht allzu geringschätzig behandeln, weil es ihre Rohstoffe braucht. Hingegen kann ein solch hochentwickeltes Industrieland etwas von seinen Außenhandelserlösen zurücklegen. Mit der Zeit bildet es ein in der Umwelt einsatzfähiges Kapital, einst, wie die Republik Venedig, in Form von Edelmetallen, heute in Form von Auslandsguthaben. Steht dieses finanzielle Potential im Schaufenster, verstärkt es sich selbst, indem es fluktuierendes Kapital aus der Umwelt anzieht. Seit jeher fließt Kapital keineswegs dorthin, wo es am dringendsten gebraucht wird, sondern dorthin, wo es eigentlich gar nicht gebraucht wird. Denn Kredit, so sagt das Sprichtwort, ist etwas, das man hat, wenn man es nicht braucht.

Soweit es bekannt ist, scheint der Aufbau eines finanziellen Machtpotentials am vollkommensten der Republik Venedig gelungen zu sein.

Diese »venezianische Variante« der Machtentwicklung ergibt sich als Folge langanhaltender Zahlungsbilanzüberschüsse. Kommt es zu solchen, dann gibt es irgendwo in der Umwelt defizitäre Länder. Denn der Saldo aller zwi-

schenstaatlichen Zahlungsbeziehungen muß stets Null sein.
Der Machtaufbau gemäß der venezianischen Variante vollzieht sich so, daß ein oder mehrere Länder über ihre Verhältnisse leben, das heißt, mit der Zahlungsbilanz ins Defizit geraten; dieses Defizit bewirkt dann an anderer Stelle einen Überschuß, der ein Finanzierungspotential entstehen läßt. Ist es weit genug gediehen, wird es von den Defizitländern für Kredite in Anspruch genommen. Für die Kreditgewährung kann der Gläubiger nebst den Zinsen auch sonstige Bedingungen stellen: daß der Schuldner etwas tut oder unterläßt, was er sonst nicht täte oder unterließe. Damit ist die Machtbegründung für das Land, das »unter seinen Verhältnissen lebte«, gegeben.
Freilich gründet sich diese Macht nur auf ein unterschriebenes Papier, das vom Schuldner zerrissen werden kann, wenn er sich für einen Rechtsbruch stark genug fühlt. Seit Venedig sind zuletzt fast alle solche Papiere zerrissen worden. Chile liefert das jüngste Beispiel in dieser langen Kette. Immerhin schossen 1914 die russischen und serbischen Kanonen, die mit dem Erlös französischer Anleihen gekauft wurden, obwohl nach 1917 diese Anleihen keinen Pfifferling wert waren.
Ihren Aufstieg zur Weltmacht verdanken die Engländer weit mehr ihren Subsidienzahlungen als gewonnenen Schlachten. Wer zahlen kann, ist als Freund und Helfer gesucht, er gewinnt unabhängig von seinem militärischen Potential einen hohen Bündniswert. Zugleich aber steigt sein Beutewert. Das venezianische Potential eines Landes

ist, wenn es in die Hände eines Eroberers fällt, in der Regel ausgelöscht. Mit dem Fall von Konstantinopel erbeuteten die Türken zwar die Stadt, aber keineswegs ihre Fähigkeit, durch Subsidienzahlungen politische Macht einzukaufen. Das Auslöschen des venezianischen Potentials schwächte aber seine Nutznießer und stärkte so die Übermacht desjenigen, der die ehemaligen Nutznießer unterwerfen wollte. »Beute« ist nicht nur das, was man erobert, sondern auch das, was weitere Eroberungen indirekt erleichtert, indem es den Gegner schwächt. Das begriffen schon die Römer, als sie Karthago zerstörten, um einen Wiederaufbau seines venezianischen Potentials zu verhindern. Napoleons Ziel, mit der Kontinentalsperre das venezianische Potential der Engländer auszulöschen, mißlang, weil er die Insel selbst nicht erobern konnte.

Innenpolitisch entspricht dem venezianischen Potential das, was man Plutokratie nennt, also die Fähigkeit, Geld in politische Macht umzutauschen, indem man Public-relation-Aktionen finanziert oder mißliebigen Propagandisten den finanziellen Atem abschneidet, Parteien subventioniert oder schlicht Politiker besticht. Für das Gegenstück hierzu prägte man im Dritten Reich das Witzwort »Kratoplutie«, angesichts des Bestrebens politischer Machthaber, Wohlwollen gegen Geld zu verkaufen oder privaten Luxus mit öffentlichen Mitteln zu finanzieren. Soweit Macht für Geld zu haben ist, kann man eine Nachfrage voraussetzen. Sie ist notwendigerweise äußerst diskret, denn dem Menschen ist es eingeboren, den Verkauf von Macht ebenso wie den Verkauf von Liebesgunst moralisch abzuqualifizieren. Wird es bekannt, daß der Gangster einen Polizisten, der Konzernchef einen Politiker gekauft hat, dann gefährden Polizist und Politiker ihre Stellung, sie verlieren möglicherweise ihre Macht. Ähnlich ginge es einem Minister, der aus dem Reptilienfond eines anderen Landes Geld dafür erhält, in einer bestimmten Frage eine bestimmte Haltung einzunehmen; zum Beispiel für die Rückkehr zum Goldstandard zu stimmen, weil ein Interesse des Geldgebers an einem höheren Goldpreis besteht oder gegen die Rückkehr, weil Interesse an einer Demonetisierung des Goldes besteht.

Der Kauf von Machthabern setzt stets voraus, daß die Zahlung des Kaufpreises geheim erfolgen kann. Das war einst bequem, als der Emissär einen Beutel mit Zechinen in seinen weiten Gewändern verbergen konnte. In den letzten Jahrzehnten bot eine ähnliche Bequemlichkeit das anonyme Bankkonto in Zürich. Der für den Reptilienfond der betreffenden Regierung Zeichnungsberechtigte überweist die mit dem Politiker vereinbarte Kaufsumme auf dieses Konto. In der kontoführenden Bank weiß niemand (außer denjenigen Angestellten, die ihrerseits von geheimen Nachrichtendiensten bezahlt werden), wer der Herr ist, der sich durch Losungswort oder Unterschrift als zeichnungsberechtigt für das anonyme Konto erweist und nach Empfang des Geldes spurlos verschwindet. Voraussetzung dieser Bequemlichkeit ist allerdings, daß der Reptilienfond über eine Währung verfügt, die jederzeit von der betreffenden Bank angenommen und ausgezahlt werden kann. Bis vor kurzer Zeit war es der Dollar. Die Tatsa-

che, daß der Dollar diese Funktion nicht mehr immer und überall erfüllt, ist allein aus Gründen der praktischen Nutzung des venezianischen Potentials der USA von weittragender politischer Bedeutung.
Neben dieser diskreten Betätigung des venezianischen Potentials steht die öffentliche, die man »Hilfeleistung« nennt. Eine Regierung wird dazu gebracht, etwas zu tun oder zu unterlassen, als Gegenleistung für »Entwicklungshilfe«, sonstige Kredite oder Materiallieferungen. Wird der Kaufpreis für das erwünschte Verhalten bar gezahlt, etwa als Kredit, dessen Rückzahlung ernsthaft gar nicht erwartet wird und der vom Empfänger beliebig verwendet werden kann, dann muß der Käufer, der Erwerber von Macht, über eine Währung verfügen, die jederzeit und überall in jede beliebige andere Währung umtauschbar ist. Ist dies nicht der Fall, dann ist die Souveränität des Kreditempfängers hinsichtlich der Kreditverwendung eingeschränkt. Er kann nicht kaufen, was ihm beliebt und wo es ihm beliebt. Eine solche Einschränkung empfinden viele Regierungen als demütigend. Ein voll einsatzfähiges venezianisches Potential setzt daher eine Währung voraus, wie sie vor kurzem der Dollar noch war – eine jederzeit und überall konvertible Währung, die der Schuldner auch ohne Gefahr eines Kursverlustes längere Zeit aufbewahren kann, wenn er im Augenblick noch nicht weiß, was er mit dem Geld tun soll.
Wird der Regierung, deren Verhaltensweise beeinflußt werden soll, für den Kreditbetrag ein Konto eröffnet, von dem nur Zahlungen für Waren des Gläubigerlandes abdis-

poniert werden können, dann handelt es sich um ein eingeschränktes venezianisches Potential des Gläubigerlandes. Letzteres liefert Maschinen, Waffen oder Weizen, nicht Geld, für das man beliebig Maschinen, Waffen oder Weizen kaufen kann. Wieviel man geben kann, hängt nicht, wie im Falle des unbeschränkten venezianischen Potentials von den Zahlungsbilanzüberschüssen ab, sondern von der überschüssigen Produktionskapazität. Insofern begründet das industrielle Potential eine, wenngleich eingeschränkte Macht.

2. KAPITEL

# Das ideologische Potential

Das atomare Zeitalter begrenzte die Außenpolitik auf den Raum unterhalb der Möglichkeit einer direkten Konflagration von Supermächten. Eine solche darf nicht ihr militärisches Potential dort einsetzen, wo sie mit einer anderen in eine blutige Kraftprobe verwickelt werden könnte, weil aus dem Konflikt eine Eskalation der Gewaltakte bis zu gegenseitiger Vernichtung zu entstehen droht. Atomwaffen sind nicht militärische Waffen, sondern politische Waffen (Henry Kissinger). Der Krieg kann nur dort die Politik mit anderen Mitteln fortsetzen, wo ihm kein atomarer Einsatz zur Verfügung steht, das ist auf der Ebene der Satelliten. Das »andere Mittel« zur Fortsetzung der Politik der Supermächte ist nur mehr der Krieg der Schützlinge oder der Bürgerkrieg.

Das atomare Potential muß demonstriert werden, es wird aber nicht eingesetzt. Deshalb gewinnen jene Potentiale zunehmende Bedeutung, die die Bereitschaft der Bewohner eines Landes, äußere Gewalt abzuwehren oder Gewalt nach außen hin abzuwenden, stärken oder schwächen. Eine solche Bereitschaft ist mit Geld gewiß in begrenztem Umfang zu erkaufen. Für materielle Vorteile allein sind Menschen jedoch nur ausnahmsweise zum Sterben bereit. Will man sie dazu verleiten, muß man ihnen Emotion bieten. Die Fähigkeit eines gesellschaftlichen Leitbildes, viele Menschen dahin zu bringen, daß sie zu Opfern bereit sind, wollen wir das ideologische Potential nennen.

Für die im transzendentalen Sinne ungläubig gewordenen Menschen ersetzt die Ideologie die Religion. Das, was man »Opium für das Volk« nannte, wird durch ein anderes Rauschmittel ersetzt, mit dem Ergebnis, daß die Gewaltanwendungen zur Durchsetzung einer Ideologie prinzipiell Gewaltanwendungen zur Durchsetzung einer religiösen Vorstellung ähneln. Eugen Lemberg (»Ideologie und Gesellschaft«, Stuttgart 1972) faßt daher in seiner sehr klar formulierten Theorie der ideologischen Systeme die Religionen als Ideologien auf.

Glaubt der Mensch als Kompensation für sein Unrechtserlebnis nicht an eine Kompensation im Jenseits, dann braucht er die Hoffnung auf einen diesseitigen Gerechtigkeitsvollzug. Die Stärke dieser Hoffnung wird von der Stärke des subjektiven Unrechtserlebnisses – also etwa von der extremen Spannung zwischen Armut und Reichtum, Ohnmacht und Willkür, Redlichkeit und Unredlichkeit abhängen. Ideologien welcher Art auch immer wollen das nach subjektiver Ansicht einer großen Zahl von Menschen vorhandene und vermeidbare Unrecht beseitigen und damit die Hoffnung auf einen diesseitigen Gerechtigkeitsvollzug begründen. Indem die Ideologie eine große Anzahl von Menschen zu einer Gemeinschaft der Ansichten und der Tat vereinigen kann, wird sie zu dem wichtigsten Instrument in der Hand derjenigen, die die Macht erringen oder behalten wollen. Denn zur Macht gehört ein

Wir-Gefühl der Gefolgsleute und dieses wird durch die gemeinsame Ideologie begründet.

Wer irgend etwas als Unrecht empfindet, dem wird seine Beseitigung als wünschenswert erscheinen und er wird sich über das, was der Beseitigung entgegensteht, entrüsten. Dieser Mensch wird in seiner Wunschrichtung manipulierbar, das heißt, er wird alles glauben, was seine Unrechtsempfindung stärkt. Der Wunsch nach Entrüstung macht ihn zum Gefolgsmann desjenigen, der diesem Wunsch das passende Objekt bietet. Zugleich entwickelt sich ein Solidaritätsgefühl mit Gleichgesinnten. Da eine Welt ohne subjektive Unrechtsempfindungen Einzelner undenkbar ist, ist ständig für die Möglichkeit ideologischer Machtbegründung gesorgt. Ohne Analyse des jeweiligen ideologischen Potentials wird es kaum noch möglich sein, Chancen und Dauerhaftigkeit der bestehenden Systeme der Machtausübung richtig einzuschätzen.

Die Zeit, da die Religionen den Ideologien mit Erfolg Widerstand leisten konnten, scheint vorbei zu sein. Die Systeme der Machtausübung müssen wir biokybernetisch verstehen; das heißt, als lebendige Systeme mit störungsanfälligen Regelkreisen; Systeme, die die Fähigkeit haben, zu lernen und die dem Zwang unterliegen, zu wachsen und zu altern. Die für ein System gestellte Diagnose wird daher in erster Linie etwas über Alter und Erlerntes aussagen müssen.

Ein System altert, wenn die Gefühlsbindungen, die es trägt, erschlaffen. Die Gefühlsbindungen werden ausgedrückt, indem die Mitglieder eines Systems mehr oder weniger leidenschaftlich das Wort »wir« gebrauchen. Die emotionale Ladung des Wortes »wir« ist es, die ein lebendiges System von einem Zweckverband unterscheidet, der einem als gemeinsam erkannten Vorteil dient und der aufgelöst wird, sobald seine Mitglieder dies für vernünftig halten. Das Kriterium eines lebendigen Systems ist es, daß es unterdrückt, gewaltsam ausgelöscht, aber nicht friedlich aufgelöst werden kann. Es kann sich nur selbst auflösen, es degeneriert wie jeder andere nicht mehr lebensfähige Organismus.

Beispiel: In einem Dorf gibt es eine freiwillige Feuerwehr und einen Zweckverband zur gemeinsamen Nutzung eines Mähdreschers. Im Mähdrescherverband tritt der Mensch als rationales, auf seinen Vorteil bedachtes Wesen auf. Es gibt im Zeichen des Mähdreschers kein »Wir-Gefühl«, sondern eher ein »Anti-Wir-Gefühl«. Denn: will ein Genosse den Mähdrescher benützen, wollen dies die anderen Genossen auch und deshalb ist jeder der Feind des anderen. Schließlich muß eine Benutzungsordnung beschlossen werden, die verhindern soll, daß die Feindschaft offen und brutal ausgetragen wird.

Ganz anders ist es bei der Feuerwehr, obgleich es dieselben Menschen sein können, die beide Verbände tragen. Es gibt auch hier ein latentes »Anti-Wir-Gefühl«. Denn bei Alarm ist es bequemer, im warmen Bett zu bleiben und die anderen löschen zu lassen. Eine solche Wahrung der eigenen Bequemlichkeitsinteressen wird jedoch moralisch abqualifiziert. Man findet es ehrenrührig, dem »inneren Schweinehund« nachzugeben und springt lieber doch aus dem Bett, um auch beim Löschen des Brandes zu helfen. Im Gegensatz zum Mähdrescherverband treten hier dieselben Menschen nicht als rationale, auf ihren Vorteil bedachte Wesen auf, sondern als moralische Wesen. Der Beitritt zum Mähdrescherverband ist eine ökonomische Handlung ohne jede Emotion, die auch ohne Emotion jederzeit rückgängig gemacht werden kann. Der Beitritt zur Feuerwehr hingegen ist mit einer Emotion verbunden, die die Hingabe an das Gemeinwohl bewirkt. Austritt oder gar Ausschluß sind nicht ohne starke Emotionen negativen Vorzeichens denkbar, sofern keine gesundheitlichen Gründe überzeugend wirken. Man muß in Kauf nehmen, wegen Verweigerung der Hingabe an das Gemeinwohl schief angesehen zu werden, und bei den meisten Menschen wird die damit verbundene Unlust stärker als das Vergnügen am ungestörten Schlaf sein. Die Mitglieder der Feuerwehr sind als Diener am Gemeinwohl mit einem »Wir-Gefühl« verbunden, das sie über die übrigen Dorfbewohner hinaushebt und das bei festlichen Gelegenheiten in der Uniform sichtbar dokumentiert wird.

Ein organisches System ist auch nicht ohne Befehlsgewalt denkbar. Seine Mitglieder unterwerfen sich der Urteilskraft des Hauptmanns, er genießt Autorität. Die Mitglieder der Mähdreschergenossenschaft hingegen sind nur eine Summe von Interessenten. Mit antiautoritärer Erziehung ist eine freiwillige Feuerwehr schnell funktionsunfähig zu machen. Eine solche Erziehung ist daher eine vorzügliche Waffe der psychologischen Kriegführung, sobald sie eine Nation zur Abwehr fremder Gewalt unfähig machen will. Beim Mähdrescherverband ist antiautoritäres Verhalten unerheblich. Ihn hält – gegen das von den individuellen Egoismen genährte Anti-Wir-Gefühl – die ratio beisammen. Wir-Gefühl und Autorität sind erforderlich, um eine Summe von Menschen in den Status eines organischen Systems zu erheben. Es ist nicht wesentlich, wie diese Summe entstanden ist, etwa durch freiwilligen Zusammenschluß (Sportverein) oder das Hineingeborenwerden (Staat) oder auch durch Zwang (Militär). Martin Page hat in einem sehr interessanten Vergleich der Organisationsformen primitiver Völkerstämme mit denen moderner Wirtschaftsunternehmungen (Martin Page: »Managen wie die Wilden« Düsseldorf 1972) als wichtigste Gemeinsamkeit das Vorhandensein eines »Geistes« entdeckt. Stamm oder Firma können nicht als Menschensumme verstanden werden, sondern als »Summe plus X«, wobei der Geist des Stammes oder der Firma bedeutet, also, – wie wir sagen würden – die Besonderheit des Wir-Gefühls, die eine Menschensumme von einer ähnlichen Konfiguration absondert.

Eine Firma ohne »Geist«, ohne »Wir-Gefühl« gedeiht nicht; sie ist ein »Organisationsgehäuse«, dessen Regelkreise von ungehemmten Egoismen gestört werden, ein ungeölter Computer. Man tut nur das, was im eigenen Interesse notwendig ist, leistet so wenig wie möglich für soviel Geld wie möglich, läßt sich von Lieferanten und Konkurrenten bestechen, behandelt firmeneigenes Material rücksichtslos und wenn man es daheim brauchen kann, läßt man es verschwinden. Die Menschen in dieser Firma sind reine »homines oeconomici« ohne Ethos, und sofern der eine oder andere Hemmungen solcher Art besäße, werden sie im Kraftfeld der Mimikry des Nachahmungstriebes abgeschliffen.

Es gibt keine betriebswirtschaftliche Möglichkeit, die Firma wieder hoch zu bringen, auch noch so ausgeklügelte Prämiensysteme nützen wenig. Denn der oberste Chef kann nicht hinter jedem Belegschaftsangehörigen stehen und aufpassen, ob er die Prämie wirklich verdient oder im stillen Einvernehmen mit dem Meister nur erschwindelt hat. Ein Mensch, der auch in Abwesenheit des Vorgesetzten das tut, was ihm als Pflicht auferlegt ist, ist kein »homo oeconomicus« mehr, sondern ein moralisches Wesen, wenn sein Verhalten sich an dem Verhalten der Umwelt orientiert und ein ethisches Wesen, wenn sein Verhalten aus eigener Maxime des Willens resultiert.

Ich kann – entgegen dem ökonomischen Prinzip – auf die Bezahlung einer nicht geleisteten Arbeit verzichten, weil ich vor mir selbst nicht als Dieb erscheinen mag. Das »Ist-Ich« geriete in Konflikt mit dem »Wunsch-Ich«, und da ein solcher Konflikt unlustbetont ist, versuche ich ihn zu vermeiden. Daher ist es ein Akt des Ethos, ein erschwindeltes Entgelt nicht zu kassieren.

Der Verzicht ist aber auch möglich, weil ich von meinen Kollegen nicht über die Achsel angesehen werden will. Alle diese Kollegen sind ehrliche Menschen, ich will einer der ihren sein und daher vermeide ich eine Handlung, die mich aus dem Kreis ehrenhafter Menschen ausschließt. Der Verzicht auf das erschwindelte Entgelt ist in einem solchen Fall ein Akt der Moral. Moral setzt daher ein »Wir-Gefühl« voraus, Ethos nicht.

Der ethische Mensch pflegt abseits der Welt, ja in Proteststellung zur Welt, einsam seinen Stolz. Mitten in der Welt steht hingegen der moralische Mensch. Der Wunsch, sich dem Ehrenkodex der Umwelt entsprechend zu verhalten, trägt den »Geist« eines Teams, einer Fußballmannschaft, einer Partei, einer Armee, einer Nation, kurz jeden Systems, das Machtausübung ermöglicht.

Die Mitglieder der Systeme sind zahlreich, Machthaber hingegen gibt es nur wenige. Der Machthaber ist – was schon Machiavelli wußte – unmoralisch. Er ist kein Glied einer Masse, sondern er will sie beherrschen und zu diesem Zweck bedient er sich der Moral der Masse. Er selbst jedoch unterliegt dem Gesetz, das er sich selbst im Namen seines Wunsch-Ichs auferlegt. Denn er braucht eine Legitimation für sein notwendigerweise gelegentlich amoralisches Tun. Diese Legitimation gewinnt er aus dem Glauben an seine Berufung. Im Hinblick auf diese wird er eine ethische Rechtfertigung suchen und die Maxime seines Handelns an ihr orientieren.

Der »Wille zur Macht« ist den Menschen offenkundig in sehr verschiedener Stärke eingeboren. Die große Mehrzahl scheut die Unbequemlichkeiten, die mit dem Machterwerb verbunden sind, nur einige wenige fühlen sich zu »öffentlichem Wirken« gedrängt, etwa als Vorsitzender eines Verschönerungsvereines, der die Umgebung der Stadt selbstlos mit Ruhebänken, Wanderwegen und dergleichen ausstattet. Wesentlich ist dabei die Hingabe und die Erwartung, für diese Hingabe geehrt zu werden. »Wir« wollen die Umgebung der Stadt verschönern, und wir unterwerfen uns der Urteilskraft des Vorsitzenden, der bestimmt, was verschönert werden soll. Bei »wir« handelt es sich um ein System, weil moralische Wesen sich selbstlos zusammengefunden haben. Unterstellen wir, das Fremdenverkehrsgewerbe würde sich dieses Systems bemächtigen, fiele die Selbstlosigkeit weg, die ehrenhalber Arbeitswilligen kehrten ihm den Rücken, das System degenerierte zu einem Zweckverband, in dem nicht moralische Wesen einem selbstlosen Ziel hingegeben sind, sondern homines oeconomici einem materiellen Vorteil. Wer das meiste Geld zu dem Zweckverband beisteuert, hat zu entscheiden, was verschönert werden soll. Es gäbe kein Wir-Gefühl mehr.

Zur Degeneration des Wir-Gefühls kommt es, wenn es der Verstand verhindern kann, sich der gemeinsamen Aufgabe selbstlos hinzugeben. Das kann man auch an einer auf dem absteigenden Ast befindlichen Fußballmannschaft beobachten. Sie stand im Zenit ihres Ruhms, als alle Mitglieder dem Geist der Mannschaft das Opfer der äußersten Mobilisierung ihrer Kraftreserven brachten. Dieses Opfer wurde sinnlos, als da und dort Bestechungsversdacht auftauchte. Das System muß die moralisch Abqualifizierten ausscheiden oder es verliert Leistungsfähigkeit, es kränkelt oder geht zugrunde. Offensichtlich ist es die Demoralisierung, die das Altern der Systeme bewirkt.

Die Demoralisierung eines Systems vollzieht die ratio. Wer in selbstloser Hingabe an eine gemeinsame Aufgabe

Opfer bringt, handelt vernunftwidrig. Der Torwart, der einen Knochenbruch riskiert, der Feuerwehrmann, der aus dem warmen Bett stürzt, der ehrenamtliche Helfer am Wegebau, der Polizist, der einen Einbrecher stellt: sie alle bringen Opfer. Vernünftigerweise täte der Polizist so, als habe er den Einbrecher nicht gesehen, der Feuerwehrmann bliebe im Bett, der Torwart schonte seine Glieder. Das Faktum »Moral« bewirkt, daß die Menschen ihren unmittelbaren Vorteil gelegentlich nicht wahrnehmen, weil sie von ihresgleichen bewundert werden wollen. Dasselbe gilt auch für die Mitglieder einer Terroristengruppe. Wären sie nicht moralische Wesen – wenngleich mit antigesellschaftlichem Vorzeichen – würden sie vernünftigerweise das Risiko ihrer Tätigkeit scheuen. Die Konfliktsituation mit der ratio ist latent vorhanden. Die Vernunft der Feigheit oder Bequemlichkeit kann jedoch nicht dominierend werden, weil der Lustgewinn an der Emotion des selbstlosen, hingebenden Handelns zu groß ist.

Diesen Lustgewinn will die ratio zerstören. »Kollege Mayer«, so sagt die ratio dem Polizisten, »kriegt sein Gehalt auch ohne Schießerei mit einem Einbrecher. Chef Müller findet gewöhnlich einen Anlaß, hinterm Schreibtisch zu bleiben, wenn ein gefährlicher Einsatz bevorsteht. Weshalb soll ich meine Haut riskieren? Kollege Mayer wird mich nach der Schießerei keineswegs bewundern, sondern belächeln. Ich will nicht als der Dumme gelten, der sich opfert, ohne einen Vorteil davon zu haben«. Deshalb beschließt der Polizist, den Einbrecher nicht gesehen zu haben.

In einem solchen Fall ist zunächst ein »schlechter Geist« des Polizeikorps festzustellen. Die jungen Mitglieder dieses Systems waren vielleicht anfangs von Hingebungsfreude an ihre Aufgabe beseelt. Mit der Zeit entdeckten sie, daß Heroismus gefährlich und Drückebergerei klug ist. Sie verhielten sich wie vernünftige Gehaltsempfänger und schämten sich nicht für Feigheit, sondern für Heroismus. Das System degenerierte zu einem »Vorteilsempfänger-Verband«. Der betreffende Polizeipräsident übt zwar Macht aus, aber keine Autorität. Die Aufgabe des Systems, die öffentliche Sicherheit zu garantieren, wird nur mangelhaft oder gar nicht erfüllt. Eine Summe von Egoismen kann kein Wir-Gefühl produzieren, sondern nur ein Anti-Wir-Gefühl. Die Beziehungen innerhalb einer solchen Menschensumme werden – siehe Mähdrescher-Verband – durch Interessenkollisionen gekennzeichnet sein. Das heißt, es entsteht innerhalb dieser Menschensumme ein Markt, in dem Wahrung und Aufopferung von Interessen verschiedener Dringlichkeitsstufen aufeinandertreffen mit dem Ergebnis, daß die Verwirklichung von Ansprüchen Preise erfordert, die in Verzichten auf andere Ansprüche ausgedrückt werden. Ist als Maß von Verwirklichung und Verzicht das Geld üblich geworden, werden diese Preise in Geld ausgedrückt.
Jeder Marktteilnehmer handelt klug, wenn er einen möglichst hohen Preis erzielt, wenn er im Überlisten seiner Partner erfolgreich ist. Kann sich ein Markt nicht entwikkeln, so müssen, damit die Interessenten einander nicht totschlagen, gesetzliche Vorschriften entsprechend der

Benutzungsordnung für den Mähdrescher beschlossen werden. Ein solcher »Dirigismus« ist ein Akt der ratio. Weil die Vernunft von Konflikten keinen Vorteil erwartet, fügt man sich in eine Ordnung. Kein Verbandsmitglied wird aber für die Übrigen oder die Organisation selbst irgend etwas riskieren wollen.

Demgegenüber sind die Mitglieder eines Systems bereit, bei der Erfüllung ihrer Aufgabe ein Risiko zu übernehmen. Ungezählte Millionen riskierten sogar ihr Leben. Die einen verehrten sie als Helden, die anderen verlachten sie als Idioten. Nicht nur das: dieselben Menschen, die eben noch einen Mann wegen seiner heldenhaften Tat bewunderten, können kurze Zeit später einen anderen Mann wegen derselben Tat verlachen. Zwischen 1940 und 1945 war ein solcher Kontrast in Deutschland beliebig oft zu beobachten. Das Ritterkreuz, ursprünglich Gegenstand der Verehrung, wurde zum Gegenstand des Spottes. Es gibt offensichtlich beim Heroischen einen Kipp-Punkt, nach dem es lächerlich wird. Die Lage dieses Kipp-Punktes verändert sich je nach den Angriffsflächen, die das heroische Verhalten der Vernunft bietet. Mit einigem intellektuellen Raffinement können diese Angriffsflächen so vergrößert werden, daß die Unvernunft der heroischen Handlung schneller ins Bewußtsein dringt als ohne diese Hilfe. Diesen Vorgang nennt man intellektuelle Zersetzung.

Infolge eines solchen Vorganges ist offenbar das als Beispiel erwähnte Polizeikorps in eine Entwicklung geraten, in der es immer mehr Eigenschaften eines Systems verlor und Eigenschaften eines Vorteils-Empfängerverbandes gewann. Im Zuge dieser Entwicklung verloren nicht nur der Polizeipräsident an Macht, sondern auch die übergeordneten Systeme bis zum Staat. Macht gewannen hingegen die Systeme antigesellschaftlicher Moral, also die Einbrecher, Stadt-Guerillas und sonstige Extremisten.

Wie wir aus der Erfahrung wissen, kann eine solche Entwicklung die gesellschaftliche Ordnung schließlich aus den Angeln heben. Beispiele hierfür gibt es genug. Es liegt nahe, diese Entwicklung als Altern eines Systems aufzufassen, an dessen Ende seine Auflösung steht. Die bisherige Macht zerbröckelt und an ihre Stelle tritt die von einem jungen System getragene Macht.

Die Zwangsläufigkeit solchen Geschehens ist in der Tatsache begründet, daß dem Menschen ein elementares Bedürfnis nach Moral eingeboren ist. Er braucht als gesellschaftliches Wesen ein Gegengewicht gegen seine Egoismen. Die Männer einer Kompanie fühlen sich wohl und sind fröhlich, wenn sie einen Chef haben, der von sich selbst mehr verlangt, als von seinen Untergebenen. Mag er sie auch an Intelligenz nicht überragen, diese Eigenschaft werden sie respektieren. Ihre Stimmung hingegen wird schlecht sein, wenn sie einen Chef kriegen, der mit viel Intelligenz sich selbst und ihnen das Leben bequem macht. Das Wohlbefinden der Menschen hängt von der moralischen Qualifikation ihrer Machthaber ab. Sehen sie sich veranlaßt, diese moralisch zu disqualifizieren, werden sie sich nach Machthabern sehnen, die sie moralisch bejahen können. Diese Sehnsucht trägt eine latente Revolutionsbereitschaft. Wer sie zwecks Machterwerbs nützen will, wird keineswegs mit materiellen Verheißungen allein zum Ziele kommen.

Vielmehr wird er in erster Linie den starken moralischen Kontrast zwischen sich selbst und den bisherigen Machthabern herausstreichen. Erfolgreiche Revolutionäre haben das auch immer getan.

Die moralischen Fragwürdigkeiten der Systeme sind es, die über ihre Dauerhaftigkeit entscheiden. Aus diesen Fragwürdigkeiten schmieden jene ihre Waffen, die sich selbst an die Stelle der etablierten Machthaber setzen wollen. Wäre ein System ohne provozierende Fragwürdigkeiten möglich, könnte es dauerhaft sein, weil nur einige wenige Querulanten sich um die nach Macht strebenden Opponenten scharen würden. Es stünde Letzteren keine opferwillige Schar mit einem von moralischer Empörung getragenen Wir-Gefühl zur Verfügung. Entscheidend ist die Moral und nicht der materielle Aspekt. Auch eine Streikparole wird befolgt, weil die Arbeiter die verweigerte Lohnerhöhung empört. Könnte der materielle Anspruch nicht durch das Gerechtigkeitsempfinden legitimiert und die Verweigerung als Unrecht qualifiziert werden, fehlte die kampfbereite Stimmung, der Streik fände nicht statt. Ein System ist aber dazu verurteilt, das Gerechtigkeitsempfinden vieler Menschen zu provozieren, je älter es ist, desto mehr. Wo es Zwänge gibt, muß es Individuen geben, die sie ausüben. Wird im Zuge des technischen Fortschritts das System der Zwänge immer dichter, muß die Zahl der Machthaber größer werden. In der Auseinander-

setzung mit dem System von Zwängen, dem der Alltag des Menschen unterworfen ist, wird zugleich sein Rechtsbewußtsein entwickelt. Da es unlustbetont ist, einem Zwang gehorchen zu müssen, erhebt sich, um die Unlust zu mildern, die Frage nach der Legitimität der Machtausübung. Hat der Verstand die Legitimität anerkannt, wird die Unlust bis auf einen Restwert abgebaut. Konnte er die Anerkennung der Legitimität verweigern, dann steigert sich die Unlust zu ohnmächtiger Wut, die zur Entladung drängt. Ist die wachsende Dichte des Systems der Zwänge im Zuge des technischen Fortschritts unvermeidlich, dann auch die wachsende Häufigkeit von Konfrontationen der alltäglichen Tatbestände mit dem Rechtsbewußtsein. Vor der Industrialisierung gehörten solche Konfrontationen zu den seltenen Erlebnissen, die sogar Dichter inspirierten (Heinrich von Kleist »Michael Kohlhaas«). Die Macht war noch auf ererbte Gewalt gegründet und durch sie legitimiert. Dieser einfache, seit Jahrtausenden entwickelte und in den modernen Einparteien-Systemen wiedergeborene Tatbestand schafft klare Verhältnisse, gegen die kein vernünftiges Einzelwesen aufmuckt. Kann aber Macht abgeschüttelt werden (mittels des Stimmzettels), entsteht automatisch für jedes Objekt des Geschehens die Frage nach der Legitimität des Zwanges, dem es unterworfen wird.
Der Zwang kann legitimiert werden durch Tradition, gesetzliche Institution oder durch einen Markt. Traditionsgeleitetes Verhalten der Menschen ist nur denkbar, wenn sich ihre Lebensbedingungen wenig ändern. Unter relativ konstanten Lebensbedingungen bewähren sich die von

den Erfahrungen der älteren Generationen ausgebildeten Maximen des Handelns. Ändern sich die Lebensbedingungen schnell, dann ist die von den Vorfahren gespeicherte Erfahrung nur bedingt anwendbar, ja sie gerät häufig in die Gefahr der Lächerlichkeit.

Die Technik liquidiert das System der traditionellen Zwänge. Damit entsteht ein Vakuum, das durch Zwänge der gesetzlichen Institutionen und des Marktes ausgefüllt wird. Wie man sich außerhalb der Wohnung bewegt, verstand sich einst von selbst. Heute unterliegt diese Bewegung dem Zwang der Straßenverkehrsordnung. Es verstand sich einst von selbst, daß die Söhne der Offiziere, Stadtschreiber, Schuhmachermeister wieder Offiziere, Stadtschreiber, Schuster wurden. Heute entscheidet über ihre Berufswahl der Markt. Man hat sich angewöhnt, unter Freiheit eines gesellschaftlichen Systems jenes zu verstehen, das Machterwerb im Markt ermöglicht.

Auf dem Markt der Stimmzettel erwirbt der Politiker Macht und delegiert sie dann an die Träger des Systems von Zwängen, das nach dem Willen der Mehrheit der Politiker gestaltet wird. Das nennt man Demokratie. Können »wir« Macht verleihen und Macht entziehen, spricht man von »Freiheit«. »Wir« können wählen oder abwählen, einen Funktionär, eine Ware oder eine Dienstleistung und damit entscheiden, wer politische Macht oder Marktmacht ausüben soll. Dies alles freilich nur in der Theorie. In der Wirklichkeit gilt der theoretische Ansatz mit erheblicher Einschränkung.

Es ist nun an der Zeit, die Behauptung zu wagen: jede

Macht wird erbeutet. Geändert haben sich im Laufe der Jahrtausende nur die Mittel des legalen Machterwerbs. Im illegalen Bereich gibt es zwischen Karl Moor und dem Boß einer großstädtischen Gang keine prinzipiellen Unterschiede. Beide können mit einer auf die Erfahrung der Zeitgenossen abgestellten Gerechtigkeitsphilosophie Sympathien erwecken. Denn im legalen Bereich verhilft zur Beute die gewaltlose List. Der Markt ist der Ort, an dem die einzelnen Teilnehmer einander mit sehr verschiedenen Erfolgschancen zu überlisten trachten.

Inwieweit List vom Gerechtigkeitssinn akklamiert oder verabscheut wird: das ist eigentlich der Kern aller sozialen Spannungen, seitdem es Staaten gibt. Denn es gibt kein Kriterium für die Moral der List, nicht einmal bei Chancengleichheit, weil es bei der Chance des einen und des anderen Menschen kein Kriterium dafür gibt, ob und wann sie wirklich als gleich zu qualifizieren sind. Die erfolgreiche List erscheint dem Erfolglosen unmoralisch, weil er nur so um das Gefühl eigener Minderwertigkeit herumkommt. Fehlt ihm Demut, wird er Karl Moor seine Sympathien schenken, wenn diesem ein Coup auf einen Geldtransport gelungen ist. Daher die Sympathien für die Baader-Meinhof-Gruppe.

An dem Ethos aller Machthaber nagt der Zahn der Zeit. Sie sind dauernden Versuchungen ausgesetzt, ihre Macht zu persönlichen Vorteilen zu mißbrauchen. Es ist unvermeidlich, daß hier und da ein Mitglied des Establishments solchen Versuchungen unterliegt und daß sich daraufhin innerhalb des Establishments etwas ähnliches entwickelt, was wir oben als Beispiel der Demoralisierung eines Polizeikorps erwähnten. Dann können die Objekte des Geschehens ihr Wir-Gefühl nicht mehr erfolgreich gegen Angriffe der ratio verteidigen. Emotionalen Lustgewinn verheißt nicht mehr das Bekenntnis zu dem »wir«, sondern die Entrüstung über den Mißbrauch des »wir«. Kann die Entrüstung nicht mit dem Stimmzettel erfolgreich abreagiert werden (weil die Wahl manipuliert wird, oder weil die Mehrheit konservativ wählt), kokettiert die Minderheit, von einem oppositionellen Wir-Gefühl getragen, mit der Gewalt. Die Atmosphäre wird reif für den Bürgerkrieg.

In der nuklearen Epoche ist der Krieg als Fortsetzung der Politik mit anderen Mitteln nur mehr als Bürgerkrieg möglich, weil andere Fortsetzungsmöglichkeiten zu riskant erscheinen. Zu dem traditionellen politischen Mittel des »do ut des« tritt als »neue Technik« ein Instrumentarium, das nicht auf die militärische Front, sondern auf die »Heimatfront« wirkt, mit dem Ziel, ein erwünschtes Establishment zu fördern oder ein unerwünschtes zu zermürben.

Mit diesem Instrumentarium sind, wie die jüngste Erfahrung lehrt, Erfolge möglich, die das nukleare Risiko vermeiden. Das Establishment eines Satelliten des Feindes (Kuba) wird gestürzt oder so stark erschüttert (Vietnam), daß es das militärische und das ideologische Potential seiner Hegemonialmacht (USA) vermindert, womit automatisch eine Stärkung des eigenen (russischen) militärischen Potentials verbunden ist. Ist im atomaren Krieg der gemeinsame Mißerfolg aller Kriegsteilnehmer nicht auszuschließen, so kann der diskret geförderte Bürgerkrieg zu risikofreien Erfolgen führen. Besteht daneben die Abschreckungskraft des eigenen nuklearen Potentials, kann dem Gegner im Bereich des »do ut des« ein stärkerer Gesichtsverlust aufgezwungen werden.

Deshalb hat sich das Gesicht des Bürgerkrieges in der nuklearen Epoche im Vergleich zu seinen klassischen Vorbildern grundsätzlich gewandelt. Die beiden großen klassischen Modelle von 1789 in Frankreich und 1917 in Rußland waren noch durch die Tatsache gekennzeichnet, daß die Revolutionäre auf sich selbst angewiesen waren. Äußere Einmischung betraf lediglich die Hilfe für ein Establishment, das gestürzt werden sollte. Der spanische Bürgerkrieg in den dreißiger Jahren war der erste, der von Großmächten (die Achsenmächte und die Sowjetunion) auf dem Boden eines hilflosen Landes ausgetragen wurde. Nicht zuletzt, um ihre Waffen zu erproben.

Heute ist kein Sturm auf irgendeine Bastille denkbar, der ohne äußere Einflußnahme auf beiden Seiten der Bürgerkriegsfront stattfände. Die Interessen von mindestens zwei, vielleicht aber auch drei Hegemonialmächten wären berührt und diese würden eifrig im Hintergrund tätig sein, in dem sie von der emotionalen Vorbereitung bis zur Selbstzerfleischung die Eskalation der Gewaltakte fördern oder hindern würden. Der dritte, nukleare Weltkrieg wird durch die Möglichkeiten, die der Weltbürgerkrieg bietet, zumindest verzögert. In Wirklichkeit findet der dritte Weltkrieg bereits seit 1950 (Korea) statt. Man bekriegt sich

im Inneren irgendwelcher Satelliten und verzichtet auf direkte Konflagration.
Das ideologische Potential kann auch durch die Fähigkeit definiert werden, das die eigene Macht tragende Wir-Gefühl zu erhalten, zu stärken oder zu zerstören. Schließt das Wir-Gefühl das Establishment eines Landes ein, dann ist es ideologisch stark. Erscheint das Establishment moralisch fragwürdig, dann wird das Wir-Gefühl dahin gedrängt, nur die opponierenden Schichten einzuschließen. Es entwickelt ideologisch eine »fünfte Kolonne«, die in der belagerten Festung für die Sache des Angreifers streitet. Das betreffende Land wird schwach, es verliert – als leichte Beute des Gegners – für seine Freunde Bündniswert.
Die ideologische Rüstung dient daher in erster Linie dem Kult des Wir-Gefühls. Diesen Kult betrieben zu Großvaters Zeiten die patriotischen Vereinigungen und Jugenderzieher mit einer Schwarz-Weiß-Malerei, die uns heute zum Lachen reizt. Wir lachen insgeheim auch über die Schwarz-Weiß-Malerei der amerikanischen Propaganda im ersten und noch mehr im zweiten Weltkrieg, und vor allem schütteln wir verwundert den Kopf bei der Lektüre östlicher Zeitungen und für den Massengebrauch bestimmter Druckschriften. Diese stehenden Phrasen von »Imperialismus, Chauvinismus, Revanchismus«, die das Pekinger Vokabular noch durch die »sozialfaschistische, Moskauer Renegatenclique« ergänzt, sind unentbehrliche Instrumente für eine auf dem Wir-Gefühl ruhende Macht, die nicht durch die Fragwürdigkeit der von ihr praktizier-

ten Funktionärsauslese und der Unerfüllbarkeit ihrer Verheißungen ausgehöhlt werden will.

Denken wir uns das in den Massen sorgfältig gepflegte Gefühl der Bedrohung durch einen äußeren Feind fort, ihrem Aggressionstrieb bliebe kein anderes Objekt als das eigene Establishment. Die Emotion der Abwehrbereitschaft nach außen zieht das Establishment so gut es geht aus der Schußlinie des Unmuts, der anderenfalls, von der alltäglichen Erfahrung genährt, mangels legaler Opposition revolutionäre Zirkel bilden würde, gegen die immer wieder die Polizei eingreifen müßte. Um die Polizei zu entlasten, wird der Lustgewinn am nationalen Überwertigkeitsgefühl gepflegt und die der Sicherung der Machtsphäre dienenden »Befreiungen« gerechtfertigt. Weiß der Russe besser, was einem Volk frommt, als dieses selbst, kann die Breschnew-Doktrin vom Rechtsempfinden als Akt des Wohlwollens akklamiert werden. Es wäre auch nicht schwer, noch einen Schritt weiter zu gehen und die militärische Besetzung eines nicht sozialistischen Landes als väterliche Fürsorge für die dortigen Werktätigen darzustellen.

Mao Tse-tung sagt es am klarsten: es gibt gerechte Kriege und ungerechte Kriege. (Was gerecht und ungerecht ist, bestimmt in jedem Fall der Vorsitzende [Mao Tse-tung, Über die Revolution, Frankfurt a.M. 1971].) Es gibt aber nichts dazwischen; nichts, was einerseits gerecht, andererseits auch ein bißchen ungerecht wäre. Zweifel an der gerechten Sache zernagen das gute Gewissen, das der Soldat zum Töten und zum Einsatz des eigenen Lebens braucht.

Jede Art von Objektivität ist mit den Erfordernissen der ideologischen Rüstung unvereinbar.
Mangelt einem Ein-Parteien-Regime der äußere Feind, erhebt sich der innere Feind, sofern er ein Wir-Gefühl ausbilden kann: so gegen Franco das Wir-Gefühl der Basken, gegen Tito das der Kroaten. Folgerichtig gestattet es Moskau weder den Ukrainern, noch den Letten, Litauern oder sonstigen Vasallenvölkern ein eigenes Wir-Gefühl der Nation sichtbar auszubilden. Mit Ausnahme des nationalen Wir-Gefühls der Großrussen sind Nationalismen der Vasallen unter dem Gesichtspunkt des proletarischen Internationalismus verpönt. Da der äußere Feind zugleich auch als Klassenfeind dargestellt wird, wird als Ersatz für das nationale Wir-Gefühl der Vasallen das der Klasse geboten. Dieses erweist sich aber, wie häufig aus Nachrichten über Regungen des Nationalismus bei den Satelliten und offiziellen Polemiken dagegen hervorgeht, nicht immer als ausreichend.
Die Ein-Parteien-Regierungen verschiedener Ideologien haben sich gezwungen gesehen, eine ihnen gemeinsame Technik der Pflege des ideologischen Potentials zu entwickeln. Da die Kanalisierung des Aggressionstriebes durch eine legale Opposition fehlt, müssen sie ihre Massen so manipulieren, daß sie das Verabscheuungswürdige nicht innerhalb, sondern außerhalb des Landes suchen. Als Objekte für das Abreagieren des Unmuts können nur gelegentlich »Verfehlungen einiger Genossen« (im Dritten Reich die »Parteigenossen«) geboten werden. Das Establishment selbst bleibt immer tabu.

Die erste innenpolitische Sorge in allen Ein-Parteien-Systemen gilt daher der Beschaffung von emotionalem Brennstoff für das Wir-Gefühl. Die Anpassung der Reizdosierung an die höher werdenden Reizschwellen erweist sich freilich als schwierig, die Menschen stumpfen gegen allzu oft gebrauchte Phrasen ab. Das erstrebte Ziel, der Heroismus der Massen, ist nicht als Dauerzustand denkbar, sondern nur als Rausch, der mangels stärkeren emotionalen Brennstoffs abklingt. Es bleibt nichts anderes übrig, als der Umwelt immer wieder Aggressionsabsichten zu unterstellen, der eigenen Öffentlichkeit die Friedfertigkeit dieser Umwelt sorgfältig zu verbergen und das Bestreben der ratio nach objektiver Betrachtung zu unterdrücken. Freie öffentliche Meinungsäußerung ist daher mit einem Ein-Parteien-Regime prinzipiell unvereinbar. Sie würde sein ideologisches Potential zu gefährlich schwächen.

Dies erhellt die große Schwierigkeit eines Mehrparteien-Regimes mit seinem eigenen ideologischen Potential. Es ist auf einen emotionalen Brennstoff angewiesen, der der Kritik der Opposition standhält. Er muß so stark sein, daß auch die Opposition das von ihm genährte Wir-Gefühl respektiert, weil sie sonst Sympathien in den Massen verlöre. Beispiele hierfür sind England, Frankreich und die USA in den beiden Weltkriegen, später auch die USA in den Jahren zwischen Korea und dem Beginn in Vietnam. Die Ideologie des »american way of life« trug das beglükkende Wir-Gefühl, einer Nation anzugehören, die der Welt selbstlos den Weg zu Freiheit und Wohlstand weist und die hierzu erforderliche Verhaltensweise vorlebt. Obwohl diese Ideologie rational sehr gut fundiert erschien, ist ihre emotionale Kraft, wie die Ereignisse des letzten Jahrzehnts beweisen, erschlafft. Mit dieser Feststellung sind wir zum Kern des Wandels in den Machtstrukturen dieser Welt vorgedrungen.

3. KAPITEL

# Die Konfrontation der Potentiale

Da die Begriffe klargestellt sind, ist nun eine Inventur der Fakten möglich. Wir sehen in der Welt Ein-Parteien-Systeme sozialistischer oder halbsozialistischer Wirtschaftsstruktur und nur ausnahmsweise solche kapitalistischer Wirtschaftsstruktur.

Ferner ist zu beobachten: die Angehörigen der Mehrparteien-Systeme können ihren Aggressionstrieb auch gruppenweise gegen das eigene Establishment richten, sofern sie die geltenden Gesetze nicht allzu kraß übertreten. Die Angehörigen der Ein-Parteien-Systeme dürfen das nicht, auch nicht im Rahmen des Wortlautes der geltenden Gesetze.

Wir sehen auf der einen Seite das herrenlose Wir-Gefühl der Jugend danach streben, sich auf ein Angriffsziel hin zu formieren, und wir haben uns daran gewöhnt, täglich in der Zeitung von den Ergebnissen zu lesen. Auf der anderen Seite, bei dem Ein-Parteien-System wird gruppenbildender Aggressionstrieb von der Polizei im Keim erstickt, so, daß Sympathisanten gründlich abgeschreckt werden. Hingegen wird die Aggression unter Kontrolle auf offiziell erwünschte Objekte außerhalb des Establishments gelenkt. Ein solches Objekt kann in einem Ein-Parteien-System auch ein anderes Ein-Parteien-System sein, zum

Beispiel Jugoslawien für Bulgarien, falls dies gerade Moskau wünscht, oder für die Chinesen die »Sozial-Imperialisten« in Moskau oder für Russen die »Renegaten-Clique« in Peking.

Es ist sehr gut denkbar, daß Ein-Parteien-Systeme untereinander Krieg führen. Vorsorglich wird für einen solchen Fall die Masse heroisch manipuliert. Hingegen ist es undenkbar, daß Mehrparteien-Systeme untereinander Krieg beginnen könnten. Das bedeutet eine wachsende Enttäuschung für die Leninisten, deren These (Unvermeidbarkeit der weltrevolutionären Entwicklung) von der Annahme unversöhnlicher wirtschaftlicher Gegensätze unter den kapitalistischen Ländern ausgeht, die kriegerisch ausgetragen werden müssen.

Eine Regierung eines Mehrparteien-Systems, die einen wirtschaftlichen Interessenkonflikt als Kriegsvorwand benützte, beginge innerpolitisch Selbstmord. Die Wähler wissen heute, was vor 60 Jahren nur die Leser des damals erschienenen Buches »Die falsche Rechnung« von Norman Angell wußten: der moderne Krieg bringt Nachteile, aber keine effektiven Vorteile. Seitdem Länder wie England und Frankreich in zwei gewonnenen Weltkriegen sowohl ihre Großmachtstellung wie ihr venetianisches Potential einbüßten, wird der Wähler einem Appell auch an konventionelle Waffen nicht folgen, um einen »Handelsrivalen« zu bekriegen. Der Versuch einer heroischen Emotion könnte von der Opposition zu leicht lächerlich gemacht werden. Denn einem solchen Versuch stünde nicht mehr das »Wir-Gefühl« der Nation von 1914 zur

Verfügung, weil dieses im modernen kapitalistischen Wohlstandsstaat degeneriert. Die satten Menschen verstehen diesen Staat mehr und mehr als Zweckverband nach Art einer Mähdreschergenossenschaft, den man, soweit es die Gesetze (Statuten) ermöglichen, ausbeutet, für den man aber nicht stirbt. Nur bei Sportveranstaltungen sind noch unter den Zuschauern emotionale Entladungen des Wir-Gefühls der Nation möglich.

Insofern stünde die Friedfertigkeit der Mehrparteien-Systeme außer Zweifel, selbst dann, wenn man die nuklearen Vernichtungsmittel in Betracht zieht. Diese – meist kapitalistischen – Systeme sind darauf angewiesen, ihre Interessenkonflikte mit anderen als militärischen Mitteln auszutragen: sie hauen einander wirtschaftspolitisch übers Ohr, werfen einander administrative Hemmnisse in den grenzüberschreitenden Strom der Waren, Dienstleistungen oder des Kapitals. Das venetianische Potential des einen Landes wird so gestärkt, das des anderen Landes geschwächt.

Stärkung oder Schwächung sind wohl häufig eigentliche Ziele der Politik. Wollte de Gaulle den Dollar schwächen und Nixon die D-Mark, dann traten diese Ziele kaum verhüllt hervor. In diesen unblutigen Konflikten kann ein Mehrparteien-System für ein anderes einen Beutewert darstellen. Der Nutzen der Beute besteht darin, daß das eine Land daran gehindert werden kann, seinen eigenen Interessen gemäß wirtschaftspolitisch oder währungspolitisch zu handeln, wenn dieses Handeln den Interessen der Hegemonialmacht zuwiderliefe. Der Bündniswert eines

Mehrparteien-Systems für ein anderes wird von der Möglichkeit abhängen, seine Potentiale für eigene Interessen nutzbar zu machen, also für die eigene Fähigkeit, Gewalt abzuwehren oder Gewalt anzuwenden – wobei als Objekt der Gewaltanwendung nach dem Gesagten nur ein Ein-Parteien-System (auch vorsorglich im »statu nascendi«: siehe Vietnam) denkbar ist. Das Gewicht der venetianischen und ideologischen Potentiale kann hierbei das des militärischen Potentials übertreffen.

Es liegt nahe, diese Feststellungen zu der Hypothese auszubauen, der Weltfriede wäre gesichert, gäbe es nicht die Ein-Parteien-Systeme, die ohne Ideologie nur als Militärdiktaturen denkbar sind und die sich äußere Feinde ihrer Ideologie oder ihres Landes erfinden müssen, um dem Aggressionstrieb ihrer Bewohner als Blitzableiter fremde Objekte bieten zu können.

Das Gefühl Blitzableiter zu sein, ist so unangenehm, daß Vorsorge dagegen geboten ist, einmal als solcher in der Tat behandelt zu werden. Dieser Vorsorge dient der Aufbau eines militärischen Abschreckungspotentials. Es wird von der Gegenseite bemerkt und mit Eifer dazu benützt, die Massen im Sinne eines heroischen Wir-Gefühls zu manipulieren. Auch das wird auf der Gegenseite mit Sorge bemerkt. So kommt es zu einer Eskalation der Drohungen, die zuletzt in jenes Stadium führen können, da Drohungen infolge allzu langer Wiederholungen an Glaubhaftigkeit verlieren und daher wahr gemacht werden müssen. Das Wahrmachen von Drohungen ist aber angesichts der nuklearen Vernichtungsmittel für beide Teile zu riskant. Im

Gleichgewicht des Schreckens braucht man daher gelegentlich eine Entspannungsphase, von der aus eine neue Eskalationswelle glaubhafter Drohungen starten kann. Diesem Ziel dienen Übereinkünfte wie etwa das SALT-Abkommen zwischen Rußland und den USA und der stillschweigende Verzicht auf Provokation von Grenzzwischenfällen zwischen China und Rußland.
Echte Entspannung ist unmöglich, weil sie in den Ein-Parteien-Systemen die machterhaltende Manipulation der Massen erschweren und auf die Dauer unmöglich machen würde. Wer in einem Mehrparteien-System Macht anstrebt, riskiert höchstens eine Blamage, falls er scheitert. Im Ein-Parteien-System jedoch riskiert er manchmal Freiheit oder Leben. Die psychologische Struktur der Machthaber in einem Ein-Parteien-System ist daher völlig verschieden von dem der Mehrparteien-Systeme. Harmlose Überredungskünstler können hier erfolgreich sein. Dort erfordert ein Aufstieg bewegliche Tatmenschen, bereit zu höchsten Einsätzen, um das sie faszinierende Ziel zu erreichen.
Der Funktionär in den oberen Regionen der Ein-Parteien-Systeme hat die Gefahren des Aufstiegs nicht deshalb in Kauf genommen, um am Gipfel – oder nahe dem Gipfel – bereitwillig einem Nachfolger Platz zu machen. Er wird vielmehr argwöhnisch alle Kletterbewegungen möglicher Rivalen beobachten, die ihm den Genuß der Macht streitig machen könnten, und er wird Waffen griffbereit halten für den Fall der Gefahr. Waffen sind Argumente, denen die Machthaber der nächst niedrigeren Ebene, deren Consen-

sus die Macht der Spitze trägt, schwer widersprechen können. Im Ein-Parteien-System wird Macht verliehen und genommen durch ein Gremium von Funktionären, in dem eine gewisse Opposition möglich ist. Dagegen ist in Mehrparteien-Systemen auch eine Opposition der Wähler möglich.

Die Waffe des Funktionärs gegen den Funktionär ist im Mehrparteien-System die Einwirkung auf Wähler, im Ein-Parteien-System die Einwirkung auf andere Funktionäre: defensiv mit dem Argument, dem System genützt, seine Macht vergrößert und die tragende Ideologie gestärkt zu haben, offensiv mit dem Argument, der Rivale drohe dem System zu schaden, seine Macht zu verringern und die tragende Ideologie zu gefährden.

Man erklimmt die obersten Stufen der Macht, indem man seine Rechtgläubigkeit, Wachsamkeit und Erbarmungslosigkeit unter Beweis stellt und den Rivalen der Häresie, des Schlendrians und der Duldsamkeit bezichtigt. Ein weiser, friedfertiger, kompromißbereiter Mann wird in diesem Ausleseprozeß nicht bestehen. Wer ihn bewältigt hat, muß hart, unduldsam, kompromißfeindlich und vor allem darauf bedacht sein, seinen Feinden nicht das Argument in die Hände zu spielen, er habe um irgendwelcher Kompromisse willen die Interessen des Systems oder die Reinheit der Ideologie verraten.

Deshalb ist der politische Grundsatz des »do ut des« in den Beziehungen der Mehrparteien-Systeme zum Ein-Parteien-System so eng begrenzt. Der Funktionär des Mehrparteien-Systems ist weich und kompromißgewohnt, er weiß, daß ihm aus seiner einigermaßen vertretbaren Nachgiebigkeit gegenüber dem Partner von einem Rivalen kein Strick gedreht werden könnte, der ihm die Chance der Wiederwahl verdürbe. Er soll auch seinem Auftrag gemäß kein »Mehrer des Reiches« sein; der Funktionär des Ein-Parteien-Systems soll es sein. Das intrigale Kraftfeld, von dem er abhängt, macht irgendein Geben zu riskant, denn ein Rivale könnte den eingehandelten Gegenwert für zu gering halten und Verdacht äußern. Wer sich dagegen schützen will, muß dem Grundsatz gemäß handeln: das, was man hat, bewahren, und das, was man noch nicht hat, erwerben. Eine gelungene Machterweiterung des Systems wird das Ansehen bei den maßgeblichen Funktionären stärken und Kritik seiner Rivalen zum Schweigen bringen (Afghanistan).

Die Konfrontation der Potentiale ist auch eine Konfrontation der persönlichen Strukturen der Machtinhaber. Männer, die den Ausleseprozeß eines ideologisch fundierten Ein-Parteien-Systems passiert haben, können gar keine andere Außenpolitik machen, als die der Expansion, soweit sie ohne nukleares Risiko möglich ist. Ihnen Verzichte zuzumuten, wäre so unrealistisch wie das Ansinnen an einen westlichen Politiker, sich als Gegenleistung für irgendeine Konzession aus dem Fenster zu stürzen. Konzessionen eines Ein-Parteien-Systems sind nur möglich, wenn sie alle Mitglieder des über die Macht entscheidenden Gremiums decken. Dies ereignete sich bisher nur in Ausnahmefällen (Rückzug der Russen aus Österreich 1955). In der Regel wird bei einem Handel gemäß dem »do ut des« Prinzip (mag er auch für die Regierung des Ein-Parteien-Systems vorteilhaft sein) die Ablehnung einer Konzession die Pose eines Gralshüters der reinen Lehre und der heiligen Interessen des Systems ermöglichen und die eigenen Chancen im internen Machtkampf stärken.

Es ist daher unwahrscheinlich, wenn nicht ausgeschlossen, daß zwei gegnerische Ein-Parteien-Systeme wie Rußland und China auf der Basis eines echten Kompromisses friedlich nebeneinander leben könnten. Weder kann China den von Lenin 1920 ausdrücklich als berechtigt anerkannten Anspruch auf die in der Mitte des vorigen Jahrhunderts vom zaristischen Rußland annektierten chinesischen Gebiete preisgeben, noch kann der Kreml diesen Anspruch anerkennen, selbst für den Fall, daß sich China vorläufig mit der theoretischen Anerkennung begnügte, ohne die Abtretung der Gebiete zu verlangen.

Seit dem Konflikt Titos mit dem Kreml bringt der Konflikt Peking-Moskau das zweite Beispiel der Konfrontation der Potentiale von Ein-Parteien-Systemen marxistisch-leninistischer Ideologie. Die gegenseitige ideologische Verketzerung schwächt das Ansehen beider Rivalen in der Dritten Welt, erzwingt einen Wettbewerb um die Gunst selbst winziger Gruppen von Revolutionären oder Sympathisanten und Verzicht auf manche naheliegende Gewaltanwendung. Gäbe es China nicht im Hintergrund, hätten die Russen kaum die Ausweisung ihrer Militärberater aus Ägypten hingenommen, statt mit ihnen und ein paar tausend gelandeten Marine-Infanteristen die Stützpunkte einfach zu besetzen.

Das propagandistische Kapital, das Peking aus der Besetzung der Tschechoslowakei 1968 immer noch schlägt, läßt es Moskau geraten sein, einen ähnlichen Eklat tunlichst zu vermeiden und lieber gewisse liberalistische Abweichungen von dem starren Planungssystem des Moskauer Modells hinzunehmen (Ungarn), sofern die Fassade der politischen und militärischen Unterordnung unter die russische Hegemonie gewahrt bleibt.
Die Möglichkeit, daß Peking und Moskau auf dem Boden eines dritten schwachen Landes miteinander Bürgerkrieg führen, ist nach dem Muster Kambodscha wahrscheinlich, aber nicht entscheidend. Der Religionskrieg zwischen den beiden Supermächten des Marxismus-Leninismus Moskauer oder Pekinger Bekenntnisses kann nur in direkter Konflagration entschieden werden. Eine Versöhnung erscheint ebenso absurd, wie eine solche zwischen Papisten und Lutheranern im Mitteleuropa des XVI. Jahrhunderts. In den beiderseitigen Kardinalskollegien, den Politbüros in Moskau und Peking, kann jedes Plädoyer für eine Kompromißlösung als entsetzliche Häresie gebrandmarkt und für den Initiator lebensgefährlich werden.
Beide Ideologien zielen darauf ab, ein Wir-Gefühl der Armen, Unterdrückten, schlecht Weggekommenen zu begründen und dieses möglichst auch mit dem Wir-Gefühl der Nation zu verstärken. Letzteres bietet sich überall dort an, wo das Establishment von einer auswärtigen, kapitalistischen Macht gestützt wird (Vietnam). Die Synthese beider Wir-Gefühle bedeutet eine gewaltige Steigerung der heroischen Emotionen. Gegenüber dem Todesmut der

Guerillas hat sich die überlegene militärische Technik als unzulänglich erwiesen. Das nicht bedacht zu haben, war der große Irrtum der Amerikaner bei ihrem Engagement in Vietnam. »Wir kämpften« schrieb Henry Kissinger bereits im Januar 1969, »einen militärischen Krieg, unsere Gegner aber fochten einen politischen Krieg. Wir suchten ihre physische Zermürbung, sie zielten auf unsere psychologische Erschöpfung. Dabei verloren wir einen entscheidenden Grundsatz aus den Augen: der Guerilla gewinnt, wenn er nicht verliert, die herkömmliche Armee verliert, wenn sie nicht gewinnt ...« Die Russen dürften ähnliche Erfahrungen in Afghanistan machen.

Auch die jüngste Erfahrung in Persien bestätigt, daß die innerpolitischen Strukturen im Atomzeitalter militärisch und außenpolitisch immer entscheidender werden. Was nützen die Megatonnen Sprengkraft, wenn der Volkszorn imstande ist, eine Regierung zu stürzen, die von ihr Gebrauch zu machen droht? Eine Regierung in Moskau oder Peking darf – dank ihrer Polizei – über den Volkszorn lächeln, eine Regierung in Washington muß vor ihm zittern. Moskau und Peking können, wenn es generalstabsmäßig ratsam erscheint, Präventivkriege führen, mit wem auch immer. Washington braucht hierzu ein Pearl Harbour. So zur Defensive verurteilt, stehen die Demokratien unter einer dauernden Nervenbelastung durch die bange Frage: Was geht in den Köpfen der Machthaber vor, die mit dem Volkszorn nicht zu rechnen brauchen? Und da man überleben will, wird man, je länger die Nervenbelastung dauert, um so eindringlicher das eigene Denken in die Köpfe dieser geheimnisvollen Machthaber hinein interpretieren. Weil es Unlust erregt, daß erfahrungsgemäß Männer, die zur Macht wollen, von ihr nie genug kriegen können, wird man es bestreiten; man wird der dem Selbsterhaltungstrieb so angenehmen Konvergenztheorie huldigen.

Ist es soweit, dann erscheinen die eigenen »Vaterlandsverteidiger« nicht nur lächerlich, sondern sogar gefährlich, weil ihre bloße Existenz die bestimmt gar nicht so üblen Machthaber jenseits der Drahtzäune mißtrauisch machen muß. Ist das die »Vaterlandsverteidiger« deckende Establishment auch noch von Affären, leeren Versprechungen, reichgewordenen Funktionären diskreditiert, nützt das Machtpotential, mag es nun atomar, klassisch-militärisch oder finanziell sein, der Sicherheit des Landes wenig. Ein mißachtetes Establishment lenkt den Volkszorn vom äußeren Feind auf sich selbst ab, umgekehrt lenkt ein äußerer Feind den Volkszorn vom Establishment ab. Deshalb pflegen Ein-Parteien-Regierungen ihren jeweiligen äußeren Feind; ja, sie müssen einen solchen erfinden, weil sein propagandistischer Gebrauch die politische Polizei von der Auseinandersetzung mit Aggressiven entlastet. Mehrparteien-Regierungen machen sich mit beidem in der öffentlichen Meinung nur lächerlich.

Es ist kaum möglich, die Bedeutung der Konfrontation der Potentiale in Vietnam zu überschätzen. Wir erlebten dort die erste große Ohnmachtsprobe des vereinten industriellen und venetianischen Potentials weit eindrucksvoller, als die vergebliche, sozusagen nur mit der linken Hand geführte Hilfeleistung für die weißrussischen Generale im

Bürgerkrieg 1919/20 oder die für Tschiang Kai Schek 1945/47 in China.
Diese Niederlage des venetianischen Potentials war gewiß nicht die erste. Es hat sich in Kuba knapp zuvor als ohnmächtig erwiesen. Immerhin muß man diese Ereignisse auf dem Hintergrund früherer eindrucksvoller Erfolge zu verstehen versuchen. Ohne die französischen Rüstungsanleihen an Rußland und Serbien wäre das Wunder an der Marne 1914 unmöglich gewesen. Den Russen und Serben hätten die Artillerie und die Transportmittel gefehlt, die ihre Kampfkraft unverhofft derart verstärkten, daß der deutsche Generalstab den Sieg im Westen nicht ausnützen konnte, weil plötzlich mehrere Divisionen abgezogen und an die Ostfront geworfen werden mußten.
Mit finanziellen Mitteln wurde der Eintritt Rumäniens 1916 an der Seite der Westmächte gestartet, drei Jahre später der Linksradikalismus in Ungarn und Österreich unterdrückt, die militärischen Erfolge der Polen gegenüber den Russen ermöglicht, viele lateinamerikanische Regimes an die Macht gebracht oder an der Macht erhalten. Erst die vietnamesische Konfrontation mit einem von einer Supermacht mit Waffen versorgten ideologischen Potential brachte den Mißerfolg.
Dagegen blieben fast zugleich ebenso umfangreiche russische Waffenlieferungen im Nahen Osten erfolglos. Betrachtet man die Religion als Ideologie, so standen sich im israelisch-arabischen Krieg zwei durch ein intensives nationales Wir-Gefühl verstärkte ideologische Potentiale gegenüber. Den Ausschlag gab das stärkere nationale Wir-

Gefühl der Israelis mit dem qualitativ stärkeren amerikanischen Industriepotential im Rücken.
Mit Geld und Material allein kann man keinen Heroismus kaufen. Das ist zunächst die eine Folgerung, die aus diesen Fakten zu ziehen ist. Mit dem Einsatz von Ideologie plus Material kann eine Supermacht einer anderen auf einem dritten Schlachtfeld ohne nukleares Risiko eine Niederlage bieten. Diese zweite Folgerung setzt aber voraus, daß es sich bei der zum Einsatz gebrachten Ideologie nicht um eine handelt, die nur eine dünne, wohlhabende Oberschicht faszinieren kann. Eine solche Ideologie ist die der Freiheit im Sinne des demokratischen Mehrparteien-Systems, des »american way of life«.
Sie wurde in Korea fast, in Kuba und Vietnam völlig geschlagen, sie erwies sich in keinem Land der Dritten Welt als zugkräftig und sie verliert auch im industriellen Europa (Italien, Frankreich) zusehends Boden an die »Neue Linke«. Noch nie hat man auf Barrikaden satte Nutznießer als Freiwillige eines Establishments gefunden. Auf die Barrikaden geht man, um sich von etwas Bestehendem zu befreien, auch von jener Freiheit, die das Establishment meint. In Ungarn 1956 und in Kuba 1959 handelte es sich prinzipiell um dasselbe, nur das Establishment war in dem einen Fall kommunistisch, in dem anderen kapitalistisch. Der Aufstand gegen das kommunistische Establishment mißlang, weil die betreffende Hegemonialmacht mit regulären Truppen eingriff, wohl wissend, daß sich die gegnerische Hegemonialmacht, die des »american way of life«, aus der Affäre heraushalten werde.

Der Aufstand gegen das kapitalistische Establishment in Kuba gelang, weil die Hegemonialmacht der kommunistischen Ideologie die Aufständischen unterstützte, während die Hegemonialmacht des »american way of life« den Einsatz regulärer Truppen nicht wagte. Letztere hätte mit ihrer Ideologie nicht einen einzigen freiwilligen Kämpfer auf die Straße bringen können.

Damit kommen wir zu dem Kern des Problems der Konfrontation der Potentiale. Eine nicht massenwirksame Ideologie – das ist die der freiheitlich-kapitalistischen Marktwirtschaft, mag man sie auch soziale Marktwirtschaft nennen – verfügt über wenig todesmutige Anhänger, sie hat aber viele todesmutige Gegner. Um sich gegen letztere verteidigen zu können, braucht sie fest besoldete Kämpfer, die bereit sind, ihre Haut zu Markte zu tragen, also Polizisten, Militärs. Sofern ein starkes venetianisches Potential viele Söldner, vor allem Generäle, kaufen kann, behält es auch nach Vietnam in der Verteidigungsstrategie der Mehrparteien-Systeme, die mit vorläufiger Ausnahme von Chile die kapitalistische Freiheit mit mehr oder weniger Glück praktizieren, ein großes Gewicht.

Die Verstärkung des ideologischen Potentials durch ein intensives nationales Wir-Gefühl gelingt sehr gut den Ein-Parteien-Systemen, sie mißlingt aber zusehends in den Mehrparteien-Systemen, selbst in den USA. Im Reichtum degeneriert der Heroismus und gedeiht der Egoismus. Die Marktwirtschaft bejaht das Überlisten des Partners, soweit es Gesetz und Wettbewerb zuläßt. Der Staat wächst in der Marktwirtschaft mit zunehmendem

Wohlstand in die Rolle eines Partners, den man, so gut es geht, überlistet, für den man sich aber keineswegs opfert. Auf dem Markt der politischen Macht, dessen Währung der Stimmzettel ist, überbieten die Wahlbewerber einander mit dem Angebot von Vorteilen zu Lasten der Allgemeinheit und scheuen sich, irgendein Opfer zugunsten der Allgemeinheit zu verlangen. Die Objekte des Geschehens sehen zu, wie Mitglieder des Establishments einander materieller Vorteile halber zu überlisten trachten. Ihre Möglichkeit, das Establishment moralisch zu bejahen, nimmt ab und ihr Unbehagen zu. Man empfindet die Opfer, die in Form von Steuern verlangt werden müssen, als Tribut an die Unmoral und fühlt sich berechtigt, solche Opfer nach Möglichkeit zu vermeiden. Sobald man der Freiheit des Einander-Überlistens überdrüssig wird, und man die Freiheit der Wahl der Subjekte des Geschehens als Qual empfindet, weil nur zwischen ebenso listigen wie leeren Versprechungen zu wählen ist, wird die Sehnsucht nach moralischer Emotion übermächtig. Dann wird die gewohnte Freiheit zum Nonvaleur, dessen man sich um irgendeiner utopischen Freiheit willen entledigt.
Daher nimmt mit seinem wachsenden Wohlstand das ideologische Potential des Establishments der Mehrparteien-Systeme ab. Zugleich wächst aber ihr industrielles und an Schwerpunkten (Japan, Bundesrepublik) auch ihr venetianisches Potential. Betrachten wir die Gegenseite, so finden wir, daß dort, in den Ein-Parteien-Systemen, beide Potentiale sich anders entwickeln. Die venetianischen Potentiale – repräsentiert durch die Zahlungsbilanzüber-

schüsse – werden negativ und die industriellen Potentiale können, obwohl sie wachsen, qualitativ den Vorsprung der kapitalistischen Länder ebensowenig einholen, wie die Ernährungspotentiale.

Nach dem Sieg auf dem kubanischen Bürgerkriegsschauplatz mußte die Sowjetunion auf die Montage von Raketenbasen auf der Insel angesichts ihres unzureichenden Industrie- und Ernährungspotentials verzichten, als Kennedy Miene machte, Gewalt anzuwenden. Sie mußte auch in Vietnam einsehen, daß die Überlegenheit ihres ideologischen Potentials zwar ausreicht, die USA zu schwächen, daß aber die Zumutbarkeit einer solchen Schwächung ihre Grenzen hat. Wahrscheinlich wäre die Rote Armee in der Lage, die verweichlichten Nato-Streitkräfte binnen weniger Wochen in den Atlantik zu drücken. Es lohnt, darüber nachzudenken, weshalb Moskau von dieser Möglichkeit keinen Gebrauch machen würde, auch für den Fall einer Ausklammerung eines atomaren Risikos. Unrealistisch wäre es, einem solchen Nachdenken die Annahme eines Verzichtes auf Welthegemonie zu unterstellen.

Desgleichen kann auch das Argument einer inneren Gefährdung des Ein-Parteien-Systems durch einen Gewaltakt nicht überzeugen. Die Demoralisierung des Establishments der Ein-Parteien-Systeme vollzieht sich nicht wie bei den Mehrparteien-Systemen auf offener Schaubühne, es bleibt den Wahrnehmungsmöglichkeiten der Objekte des Geschehens entzogen. Die Funktionäre, die über freie Konten verfügen (die sich also theoretisch unbeschränkt bereichern könnten), dürfen praktisch nur jenen

Aufwand treiben, der von der breiten Masse nicht bemerkt wird. Obwohl einst das Volk von den Orgien der Kirchenfürsten munkelte, wurde in den Massen der Glaube an die Kirche in der Renaissance nicht ernsthaft erschüttert. Gewiß munkeln auch die Sowjetmenschen über das Wohlleben der Funktionäre und ihrer Günstlinge. Aber es fehlt der augenscheinliche Beweis, der den Funken der Empörung in die Massen tragen könnte. Zudem ist der Polizeiapparat so perfekt, daß er sicher ist, oppositionelle Zellenbildungen unschädlich zu machen, weshalb er über oppositionelle Emotionen im kleinen Kreis gelassen hinweg sehen kann.

Ernst zu nehmender Feind des Funktionärs kann nie die Masse der Objekte des Geschehens sein, sondern nur ein rivalisierender Funktionär. Wirkungsvoller als die hohen Parkmauern um die Schlösser des Feudalismus schirmt die Beziehungslosigkeit der Lebensphären von Funktionären und Masse die ersteren gegen potentielle Bastillenstürmer ab. Von den drei Kandidaten für die Welthegemonie sind die beiden Ein-Parteien-Systeme nur durch Diadochenkämpfe so zu erschüttern, daß sie wenigstens vorübergehend ausscheiden müssen, oder durch direkte Konflagration untereinander. Der dritte Kandidat, die USA, kann nur ideologisch noch schwächer werden als bisher, weshalb seine materiellen Potentiale an Bedeutung gewinnen.

4. KAPITEL

# Die Beute von 1945

Legt man die Zahl der heute im erwerbsfähigen Alter stehenden Bevölkerung zugrunde, erbeutete Rußland 1945 die Verfügungsgewalt über ein Viertel der im schwarz-rot-goldenen Bereich lebenden Deutschen. Es kann diesem Viertel vorschreiben, was es zu produzieren und was es zu konsumieren hat. Da die Macht der die Zentralverwaltungswirtschaft der DDR lenkenden Personen von der militärischen Präsenz der Russen abhängt, sind erstere im eigenen Interesse gezwungen, das zu tun, was diejenigen wünschen, die sie durch ihre bewaffnete Anwesenheit in ihrer Machtausübung sichern. Aus den Volksaufständen, 1953 in der Zone, 1956 in Ungarn, 1968 in der Tschechoslowakei, 1970 in Polen, hat man in Moskau gelernt. Die Zügelführung darf nicht so straff sein, daß das Pferd bockt, aber auch nicht so locker, daß es seinen eigenen Willen durchsetzen will. Die eingesetzten Funktionäre wissen, daß sie ein Opfer des Volkszorns werden würden, ließen sie die Zügel zu locker. Sie sind wohl meist übereifrig, aber verläßlich. Die Hegemonialmacht braucht gar nicht direkt in Erscheinung zu treten und den Anschein der Selbstverwaltung des Produktionsplans zu stören. Sie kann davon überzeugt sein, daß ihre diskret an die Planungsspitze gerichteten Wünsche berücksichtigt werden.

Diese Wünsche gehen keineswegs ins Detail. Die Bevölkerung soll nicht gereizt und so gut es geht versorgt werden. Das Plankonzept aber soll so beschaffen sein wie es den Interessen der Hegemonialmacht am besten entspricht. Die in Westdevisen zu realisierenden Exporte sollen den Importbedarf decken. Die Hegemonialmacht will so wenig wie möglich als Nothelfer in Erscheinung treten, sei es mit Rohstoffen, die sie selbst gegen Westdevisen verkaufen könnte, sei es mit Nahrungsmitteln, die sie für Westdevisen kaufen müßte. In diesem allgemeinen Rahmen ist die Produktion jener Fabrikate zu forcieren, die die Hegemonialmacht am dringendsten braucht. Sie selbst bezahlt diese Lieferungen mit Gegenlieferungen, die aber keineswegs zum Weltmarktpreis, sondern zu dem von der Hegemonialmacht festgesetzten Preis (der häufig unter Weltmarktniveau lag) verrechnet werden. Am treffendsten kennzeichnet diese Austauschrelation zwischen Rußland und seinen Satelliten das in tschechischen Fabriken kursierende Witzwort: »Faire Handelspartner sind die Russen, sie tauschen eins zu eins: eine Elektrolok gegen einen Sack Hafer!«

In Gestalt der über Weltmarktparität liegenden Verrechnungspreise für ihre Lieferungen kassierte einst die Hegemonialmacht den Tribut des Satelliten. Versüßt wurde dieser Tribut durch den Hinweis, man bekäme zwar Öl von westlichen Konzernen billiger, aber gegen Westdevisen, die ihrerseits nur mit besonderen Exportanstrengungen und Preiseinbußen für eigene Exportwaren zu erwirtschaften wären. Das hat sich in den letzten Jahren gründlich geändert. Beispielsweise liefert Rußland den Satelliten, um sie in Ruhe zu halten, Öl unter Weltmarktpreisen. Die beiden industriell führenden Satelliten des Ostblocks haben ein Getreide-Defizit, das zu decken der Sowjetunion wegen ihrer unzureichenden Agrarproduktion unmöglich ist. Rußlands verhältnismäßig geringe industrielle Produktivität könnte damit erklärt werden, daß von den 250 Millionen Einwohnern nur 25 Millionen oder 10 Prozent in der Industrie erwerbstätig sind. Von den 17 Millionen Einwohnern der DDR sind es 2,8 Millionen oder 16 Prozent. Die Sowjetunion ist ihrer Struktur nach immer noch überwiegend agrarisch. Ihre agrarische Produktivität ist aber viel geringer, als die der beiden industriell voll entwickelten Satelliten, ja sie ist mit Abstand sogar die geringste im ganzen Ostblock, wie aus folgender Tabelle hervorgeht:

Durchschnittliche Weizen-Hektar-Erträge (dz)

| | 1934/38 | 1948/52 | 1961/65 | 1969/71 | 1975 | 1977 |
|---|---|---|---|---|---|---|
| Sowjetunion | 9,4 | 8,5 | 9,6 | 14,2 | 10,7 | 14,6 |
| DDR | 24,6 | 26,2 | 31,5 | 36,6 | 39,7 | 41,1 |
| CSSR | 17,1 | 19,0 | 24,1 | 32,9 | 35,6 | 40,7 |
| Polen | 14,6 | 12,5 | 19,7 | 24,4 | 28,3 | 30,0 |
| Ungarn | 13,7 | 13,8 | 18,6 | 26,4 | 32,0 | 40,5 |
| Bulgarien | 12,5 | 12,4 | 18,1 | 28,3 | 33,8 | 38,8 |

Quelle: Statistická ročenka ČSSR, Prag 1972 und 1977

Die Bevölkerung des Ostblocks (ohne Rumänien, das immer deutlicher eine Außenseiter-Rolle zu spielen wünscht) ist von 1960 bis 1975 um 11,5 Prozent auf 339 Millionen (Quelle wie oben) gewachsen, die Weizenproduktion jedoch nur um 7,6 Prozent auf 85 Millionen Tonnen. Hierbei schlägt freilich die Mißernte in der Sowjetunion 1972 zu Buch. Die ausgezeichnete Ernte von 1978 ergab 115 Millionen Tonnen. Aber sie ist eine Ausnahme, die kaum so bald von ähnlichen Ergebnissen wieder erreicht werden dürfte. Wie die Tabelle zeigt, haben die drei westlichen Satelliten ihre Hektarerträge erstaunlich gesteigert, an der Spitze die DDR. Letztere und die Tschechoslowakei waren seit der russischen Mißernte von 1972 gezwungen, ihren Getreide-Zuschußbedarf gegen kostbare Devisen im Westen zu decken. Noch 1971 erhielten die Satelliten von Rußland 8,6 Millionen Tonnen Getreide, in den letzten Jahren waren es nur wenig über eine Million Tonnen. Die 12 Millionen Tonnen, die die Satelliten aus dem Westen an Getreide beziehen mußten, verkürzten ihre Möglichkeiten, Importe von westlicher Technik mit Devisen bezahlen zu können. Es wurden daher alle Anstrengungen auf die Hebung der heimischen Agrar-Produktion konzentriert, wie die Tabelle zeigt, auch mit Erfolg.

Dieselben Anstrengungen des Kreml bezüglich der russischen Landwirtschaft brachten dagegen nur geringe Ergebnisse. Die mit westlicher Hilfe errichteten Kunstdüngerfabriken produzierten Jahr um Jahr mehr, die Versorgung der russischen Landwirtschaft mit stickstoffhaltigen

Düngemitteln hat sich seit Beginn der sechziger Jahre, auf N-Basis berechnet, nahezu verzehnfacht. In weit geringerem Umfang stieg die Versorgung mit phosphorhaltigen Düngern und mit Kali. Die Disproportion bezüglich der dem Boden zugeführten Nährstoffe mag etwas zur Erklärung ihrer relativ geringen Wirkung beitragen. Immerhin wäre zu erwarten gewesen, daß die Expansion der Düngerproduktion die russischen Hektarerträge wenigstens auf die Höhe der kanadischen bringen würde, eines Landes, das unter ähnlichen kontinentalen Witterungsbedingungen leidet wie Rußland, aber erheblich mehr ernten könnte, wüßte man nur, wem man verkaufen könnte.
Diese Erwartung wurde nicht erfüllt. Stützt man sich, um wechselnde Witterungseinflüsse auszuschalten, auf Dreijahres-Durchschnitte, dann stiegen zwar die russischen Weizenhektarerträge von 14,2 dz 1970/72 auf 14,4 dz 1973/75 und 16,2 dz 1976/78, sie blieben aber noch wesentlich hinter denen Kanadas (über 18 dz) zurück, obwohl die Russen auf ihre Felder doppelt soviel Stickstoff streuen, wie die Kanadier. Die DDR mit ihren 40 dz Dreijahresdurchschnitt kann sich dagegen auch im Vergleich zu westlichen Resultaten durchaus sehen lassen.
Die Unfähigkeit der sozialisierten Länder, sich selbst zu ernähren, ist lückenlos erwiesen. Nicht einmal ehemals große Getreide-Exporteure wie Rumänien und Jugoslawien konnten in den letzten Jahren ohne westliche Zufuhren auskommen. Auch Kuba muß die Sowjetunion mit Aufopferung ihrer kostbaren Devisen ernähren helfen, damit sie dort über eine Operationsbasis und über »Frei-

willige« verfügen kann. Das Ernährungsmanko ist offenkundig system-immanent, um so stärker, je weniger disziplinierungsfähig die Bewohner des betreffenden Landes sind. Die Bewohner der DDR konnten infolge der ihnen angeborenen organisatorischen Besessenheit nicht nur die höchste Produktivität des Ostblocks in der Industrie erzielen, sondern auch in der Landwirtschaft. Denn der melodramatische Schlendrian des Russen liegt ihnen nicht, ihre Betriebsleiter entwickeln einen perfektionistischen Ehrgeiz, der ihren östlichen Kollegen eher lächerlich erscheint. In der Sowjetunion regt sich kein Kolchos-Vorsitzender auf, wenn der Dünger erst eintrifft, bis es zu spät ist und Ersatzteile für reparaturbedürftige Maschinen ausbleiben.

Gewinnt man doch so einen der begehrten »objektiven Umstände« zur Rechtfertigung eines planwidrigen Betriebsergebnisses. Mag das Kali fehlen, Stickstoffdünger wird gegeben, wenn er da ist, mag auch infolge der einseitigen Düngung das Getreide wie angewalzt am Boden liegen und verfaulen.

Seit Jahrzehnten werden in Moskau immer wieder dieselben kritischen Kommentare dem Agrarsektor gewidmet und es wird mit denselben starken Worten zur Steigerung der Produktivität aufgerufen. Mit dem Ergebnis, daß bei günstiger Witterung wohl erheblich mehr Getreide geerntet wird, aber nicht genug, um auf westliche Lieferungen verzichten zu können, obwohl sich die Russen kümmerlicher ernähren müssen, als die Bewohner der DDR oder der Tschechoslowakei. Während für den Sowjetbürger

Fleisch ein Luxusartikel bleibt (der Verbrauch je Kopf und Jahr erreichte 1977 erst 55 kg) standen den Menschen in der DDR und der Tschechoslowakei zur selben Zeit immerhin 80 kg zur Verfügung, nicht viel weniger, als in der Bundesrepublik (83 kg). Bei relativ hohen und stetigen Hektarerträgen lassen sich viele Schweine mästen. Die geringen und auf Witterungseinflüsse sehr empfindlich reagierenden Hektarerträge der Sowjetunion warfen die Schweinehaltung immer wieder zurück und stören so die Versorgung. Sie war selbst nach der Rekordernte an Futtergetreide von 1976 unzureichend geblieben, denn die Schweinehaltung konnte 1978 mit 70 Millionen Stück noch nicht das Niveau von 1975 (72 Millionen Stück) wieder erreichen. In der Viehwirtschaft bleibt die Sowjetunion hinter ihren westlichen Satelliten ebenso zurück, wie im Getreidebau. 1978 gab es in der Tschechoslowakei 100 Schweine auf 22 Einwohner, in der Sowjetunion erst auf 36 Einwohner.

Das ist nicht ohne politische Bedeutung. Die Mitglieder der russischen Besatzungstruppen in der DDR und der Tschechoslowakei sehen hier volle Fleischtöpfe, die sie in ihrer Heimat vermissen. Ein erhebliches Wohlstandsgefälle gewahren sie auch bezüglich industrieller Verbrauchsgüter. Dies bedeutet eine empfindliche Kränkung ihres von der Propaganda hoch geputschten Selbstbewußtseins als Repräsentanten der Hegemonialmacht, die eine Führungsrolle in der Menschheitsentwicklung zur kommunistischen Überflußwirtschaft beansprucht. Worin der Beutewert dieser Nationen, die sie in Botmäßigkeit halten sollen, besteht, kann ihnen nicht klar sein, wenn sie bemerken, wie russisches Erdöl heranrollt, um die Autos zu betreiben, die in der Tschechoslowakei und der DDR einen weit geringeren Seltenheitswert besitzen, als in Rußland. Der Ölverbrauch der Satelliten, der vorwiegend von der Sowjetunion gedeckt wird, steigt infolge ihres schnelleren Wohlstandswachstums auch schneller, als der der Sowjetunion, nämlich von 1970 bis 1978 nach der Esso-Statistik um 85 Prozent auf 76 Millionen Tonnen, gegenüber einer Zunahme um 59 Prozent auf 415 Millionen Tonnen in der Sowjetunion. Je kostbarer das Erdöl wird, um so größer das Mißfallen der Hegemonialmacht über die wachsende Zahl der Privatwagen in den Satelliten, um so geringer aber auch der Beutewert. Denn mit den Dollarerlösen für Ölexporte könnte Moskau viel höher entwickelte Technik kaufen, als die Satelliten als Gegenlieferung zu bieten vermögen.

Ermittelt man einen siebenjährigen Durchschnitt aus Erntemengen, Importen minus Exporten bis 1979, ergibt sich für Rußland ein Jahresverbrauch von 210 Millionen Tonnen Weizen und Futtergetreide zusammen. Diese Verbrauchsmenge wurde nur durch drei Rekordernten überdeckt, nämlich 1973 mit 223, 1976 mit 224 und 1978 mit 237 Millionen Tonnen. Mißernten wie 1975 mit 140 und 1979 mit 179 Millionen Tonnen reißen aber in die Ernährungsbilanz eine viel größere Lücke, als durch »carry over« aus den Rekordernten gedeckt werden könnte. Die Sowjetunion bleibt daher auf Importe angewiesen, vor allem aus den USA und Kanada. Andere Lieferländer wie

Argentinien (Exportkapazität zwei Millionen Tonnen) und die EWG (eine halbe Million Tonnen) schlagen bei einem Versorgungsmanko, das 1979 mit mehr als 30 Millionen Tonnen zu errechnen ist, zu wenig zu Buch, denn Australien ist durch die traditionellen Exporte nach China ausgelastet. Das heißt, das amerikanische Embargo, das zunächst 17 Millionen Tonnen betrifft, muß, sollte es lükkenlos praktiziert werden, Versorgungsschwierigkeiten in der Sowjetunion bewirken. Dabei ist der Selbstbeschleunigungsfaktor bei Knappheitserscheinungen zu berücksichtigen. Merken die Menschen, eine Ware wird knapp, dann neigen sie zu Hamsterkäufen, während auf der Lieferantenseite die Neigung wächst, von den offiziellen Ablieferungen etwas mehr für den schwarzen Markt abzuknabbern – eine Praxis, in der die Agrarbevölkerung der Sowjetunion bewandert ist. Die bisher ganz unzureichende Fleischproduktion wird freilich zunächst infolge von zusätzlichen Schlachtungen infolge Futtermittelmangel ausgeweitet werden können, nachher werden aber die Mangelerscheinungen um so heftiger sein. Im Kriegsfalle müßte die von allen überseeischen Versorgungsgebieten abgeschnittene Sowjetunion auf die Einberufung landwirtschaftlich tätiger Personen zum Militär verzichten, weil dies die Produktion verkleinern und damit die Ernährungsschwierigkeiten vergrößern würde.

Unsere Annahme eines durchschnittlichen Jahresverbrauchs von 210 Millionen Tonnen Getreide berücksichtigt freilich nicht die Bevölkerungsvermehrung. Diese wächst jahresdurchschnittlich um zweieinviertel Millionen Menschen oder ein Prozent. Entsprechend müßte der Getreideverbrauch wachsen, das heißt, er würde im kommenden Jahrzehnt um 20 Millionen Tonnen zunehmen, was unter der Annahme, daß die Eigenerzeugung nicht nennenswert gesteigert wird, in schlechten Erntejahren einen von 30 auf 50 Millionen vergrößerten Importbedarf zur Folge hätte – eine Menge, die in den USA und Kanada vielleicht noch mit Mühe aufgebracht werden könnte. Aber in einem weiteren Jahrzehnt wäre ein Importbedarf von 70 Millionen Tonnen auf dieser Erde gar nicht zu decken. Was nützt die stärkste Armee, wenn sie das Getreide, das zu ihrer Ernährung notwendig ist, gar nicht erobern kann? In Reichweite der russischen Waffen befinden sich nur Nahrungsmittelzuschußgebiete: im Osten China, im Süden Afghanistan, Pakistan, Iran, Irak, die Türkei, im Westen das dicht besiedelte Europa. Jede Eroberung kann die Nahrungsmittelsorgen des Kreml nur vergrößern.

Aber das Öl lockt. Für Öl wird man Getreide eintauschen können. Der Exportüberschuß der bisherigen Sowjetunion an Öl geht zur Neige, die Dollarschulden an den Westen sind so hoch, daß sie kaum noch steigerungsfähig sind, die Goldbergwerke Sibiriens stehen vor ihrer Erschöpfung: wie ernährt Moskau seine Untertanen, wenn es nicht mit Öl die Getreideimporte bezahlen kann? Damit stehen wir im Kern des Problems, dessen friedliche Lösung schwer vorstellbar erscheint.

Heute kann Moskau die Nahrungsmittelversorgung seiner westlichen Satelliten nicht mehr sicherstellen, morgen

wird dasselbe bei Öl und anderen Rohstoffen der Fall sein, die in Dollar verkäuflich sind und daher vorteilhafter zum Erwerb von Westdevisen verwendet werden können. Der Beutewert der Satelliten kalkuliert sich heute für Moskau bereits ganz anders als vor 10 Jahren. In der wirtschaftlichen Nutzen-Kosten-Rechnung überwiegen die letzteren. Auch können weder die DDR noch die CSSR den einst erhofften Ersatz für westliche Technologie bieten.
Ob und wann diese Passivseite in der Kalkulation des Beutewertes der DDR die Aktivseite überwiegen wird, wenn sich auch weiterhin die Steigerungsfähigkeit der russischen Agrarproduktion als unzureichend erweisen sollte, muß eine noch offene Frage bleiben.
Insgesamt ersetzt jedoch die höhere Produktivität der Bewohner der DDR und der CSSR nur einen winzigen Teil der geringeren Produktivität der Sowjetrussen. Erzeugten diese beiden zusammen um 10 Prozent mehr Schwefelsäure, steigerte dies die gesamte Produktion des Ostblocks (vgl. die Tabelle am Schluß des Buches) nur um 1,2 Prozent. Nicht die Quantität des Industriepotentials der DDR ist für die Hegemonialmacht interessant, sondern die Qualität. Vor allem aber besteht der Beutewert der DDR-Bewohner darin, daß sie nicht dem Westen zugehörig sind und so das Entstehen einer zentraleuropäischen Großmacht verhindern. In diesem Punkt decken sich die Interessen der Sowjetunion mit denen des Westens. Eine bundesdeutsche Wiedervereinigungspolitik wurde von den USA nur deshalb unterstützt, weil ihre Aussichtslosigkeit klar war.

1945 dachten die USA bei der Eingliederung der drei Viertel der Deutschen unter ihren Einflußbereich gewiß nicht an Beute. Im Gegenteil, man investierte erhebliche Mittel für die Wiederbelebung der deutschen Industrie nach der Demontage (Marshall-Plan). Der Beutewert der Bundesrepublik bestand zunächst nur darin, daß sie das Entstehen eines dem russischen Einfluß unterliegenden deutschen Reiches verhinderte. Um jede künftige Berliner Regierung für die Russen bündnisunfähig zu machen, wurde die Oder-Neiße-Linie akzeptiert, von der man annahm, daß sie die irrtümlich für nationalistisch gehaltenen Deutschen ebenso wenig verschmerzen würden wie nach 1871 die Franzosen Elsaß-Lothringen. Man konnte aber nicht wissen, ob das kapitalistische System in Deutschland sicher ist. Eine Entwicklung nach links in einem wiedervereinigten Deutschland hätte propagandistische Mittel finden können, den Gegensatz zur kapitalistischen Umwelt hochzuspielen und die Abtretung der Ostgebiete zu verniedlichen.

Die USA hielten es daher für ratsam, ihr venezianisches Potential einzusetzen, um in der Bundesrepublik eine Wohlstandsentwicklung zu starten, die ihren Bewohnern ein Leben unter östlicher Hegemonie reizlos erscheinen lassen müßte.

Vom Standpunkt der Interessen Washingtons aus gesehen, war dieser Start allzu erfolgreich. Man konnte drüben sogar der Meinung sein, der Start hätte jene Entwicklung eingeleitet, in der der Dollar – und damit das venezianische Potential der USA – ein Opfer der Härte der DM wurde.

Gerade diese Entwicklung hat aber erst einen Beutewert der Bundesrepublik für die USA begründet. Der Ausdruck »Bündniswert« erscheint in diesem Zusammenhang nicht ganz angebracht, weil ein solcher die Alternative »Bündnisfreiheit« unterstellt. Wenn es aber irgend eine Konstante im politischen Denken der Bundesbürger während des letzten Vierteljahrhunderts gegeben hat, dann war es das ängstliche Festhalten am »amerikanischen Schutz«. Mit dem freiwilligen Verzicht auf einen Status der Bündnisfreiheit ist eine Unterordnung unter die Hegemonialmacht USA logisch verbunden. Da diese Unterordnung ein Ergebnis der Beuteverteilung von 1945 war, ist der Begriff »Beutewert« dem tatsächlichen Sachverhalt zumindest näher als der Begriff »Bündniswert«.
Um diesen Beutewert richtig zu verstehen, müssen wir einen Blick auf nebenstehendes Diagramm werfen, das die Überforderung des venezianischen Potentials der USA zeigt. 1950 überstiegen die monetären Goldreserven der USA ihre liquiden Auslandsverbindlichkeiten um mehr als das Doppelte. Von Demonetisierung des Goldes war in den USA nichts zu hören. Man fühlte sich als finanzielle Supermacht, die mit ihrem Dollar rings um den Erdball politische Macht kaufen konnte: Generäle und Minister, Regierungen kreditbedürftiger Länder, Massenmedien, Organisationen, V-Männer für den Nachrichtendienst und andere einflußreiche Persönlichkeiten. Mitunter erfolgreich wurde dieses venezianische Potential in Europa, im Nahen und Fernen Osten, vor allem aber in Lateinamerika eingesetzt.

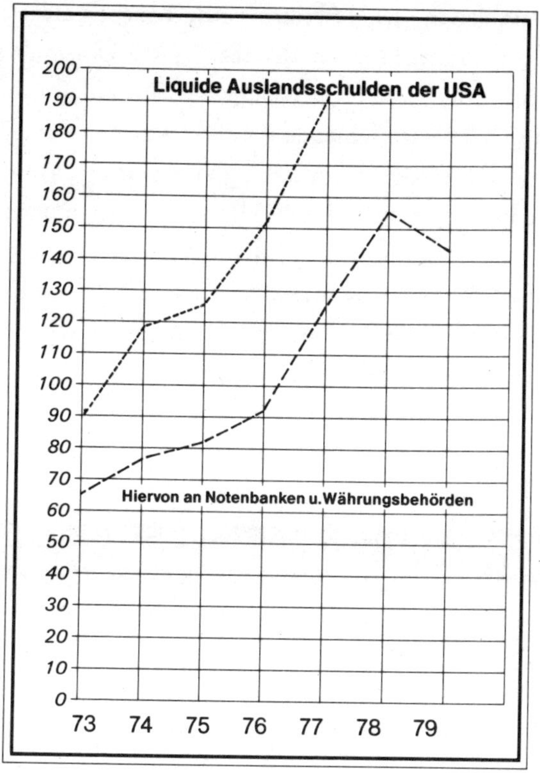


Zugleich kam es zu einer stürmisch wachsenden Einflußnahme auf das industrielle Potential befreundeter Länder. Amerikanische Konzerne kauften jährlich für mehrere Milliarden Dollar Tochtergesellschaften im Ausland oder gründeten welche und gewannen so starken Einfluß auf die Märkte der betreffenden Industrien, vor allem in der Bundesrepublik (Automobile, Chemie, Elektronik). Es entstand das Schlagwort »Dollarimperialismus«.

Dieser ganze ungeheure Aufwand wurde aber nicht mit

Überschüssen der amerikanischen Leistungsbilanz bestritten, sondern mit dem Kredit, den der Dollar als Leitwährung der westlichen Welt genoß. Steuerdefraudanten und sich bedroht fühlende Politiker oder Großunternehmer aus aller Welt legten ihre liquiden Vermögen mit Vorliebe in Dollar an, weil sie sich so vor Enteignung sicher wußten. Obwohl die vom »Dollarimperialismus« aufgeblähten liquiden Auslandsschulden der USA ab 1960 größer waren als ihre Goldvorräte (die ursprünglich dieselbe Rolle spielten wie die Aktiva eines Bankiers im Verhältnis zu seinen Zahlungsverpflichtungen) wurde dies von der finanziellen Welt kaum bemerkt. Die Suggestivkraft des Dollars zog unvermindert Liquidität aus aller Welt an, und die Notenbanken brauchten noch nicht mit Stützungskäufen in den Markt einzugreifen. Vielmehr betrachteten sie diese Dollarguthaben als Währungsreserve und sie zögerten nicht, die ihnen aus dem Markt zufließenden Dollarguthaben anzukaufen, sie so in heimische Währung zu verwandeln und damit den inflationären Nachfrage-Überhang in ihren Ländern zu finanzieren.
Es ist kein Zufall, wenn die Preiskurven in vielen europäischen Ländern im Trend dasselbe Bild einer Exponentialkurve zeigen, wie die liquiden Schulden der Amerikaner an ausländische Währungsbehörden. Die Beschleunigung der Inflation vom Schleichen zum Trab seit den letzten sechziger Jahren ist als Folge der beschleunigten Geldvermehrung nachzuweisen und diese wieder als Folge der größeren Auslandsverschuldung der USA.
Den amerikanischen Interessen entsprach diese Entwick-

lung durchaus. Denn die Vermeidung des ursprünglich beträchtlichen Lohnkosten-Handicaps der amerikanischen Industrie im Vergleich zu Europa (1950 verdiente der deutsche Industriearbeiter nach Ermittlungen des Statistischen Bundesamtes 1,30 DM je Stunde, der amerikanische nach den Ermittlungen des Bureau of labor statistics 1,46 Dollar, zum damaligen Kurs von 4,20 DM je Dollar, also 6,13 DM. 1978 standen 6,25 Dollar amerikanischer Stundenlohn zum Kurs von 1,80 gleich 11,25 DM ein deutscher von 15,– DM gegenüber) wurde um so dringender, je mehr sich der Mechanisierungs- und Automatisierungsgrad der europäischen Industrie dem der Amerikaner näherte. Zur Angleichung der beiderseitigen Lohnkosten war bei schleichender Inflation in den USA erforderlich, daß die Inflation in den europäischen Industrieländern und in Japan in Trab geriet. Washington sah daher keinen Anlaß, etwas gegen die Überflutung der Welt mit Dollarguthaben zu tun.

Diese Guthaben werden auf einem Markt gehandelt, den man Euro-Dollarmarkt nennt, mit London, Zürich und Luxemburg als den wichtigsten Umschlagplätzen. Es ist ein Markt der ewigen Wiederkehr. Die Million Dollar, die Washington einem lateinamerikanischen Politiker zahlte, um sich ihn willfährig zu machen, kehrte an diesen Markt ebenso zurück, wie die Dollarmillion, die die deutsche Bundesbank etwa aufkaufen mußte, um eine Angebotsspitze aus dem Frankfurter Markt zu nehmen. Verkaufte die Bank A ein Dollarguthaben der Bank B gegen ein DM-Guthaben, dann erforderte es der Ausgleich des

Marktes, daß die Bank C der Bank E ein DM-Guthaben gegen ein Dollarguthaben verkauft. Ist aber die Nachfrage nach DM-Guthaben stärker als die nach Dollarguthaben, dann kann das im Markt nicht untergebrachte Dollarguthaben nur von der Deutschen Bundesbank aufgenommen werden, die es zum Ankauf von Geldmarktpapieren in New York benützt. Durch diesen Ankauf wird in New York Liquidität freigesetzt, die ihrerseits neues Dollarangebot an den Euromarkt bringt, welches, falls sich das Marktklima nicht geändert hat, abermals bei der Deutschen Bundesbank landet.

Ein so revolvierender Markt ist zu dauerndem Wachstum verurteilt. Wachsen Angebot und Nachfrage im Guthaben zweier Währungen unterschiedlich, muß es zu Turbulenzen kommen. Ist ein Markt einmal überfordert, dann wird er nervös und gerät außer Kontrolle. Unser Diagramm zeigt nun genau den Punkt der Überforderung: 1969 war es noch möglich, bei Kunden der Geschäftsbanken Dollarguthaben für 28 Milliarden unterzubringen, doppelt soviel als drei Jahre zuvor. Damit aber war das Faß zum Überlaufen voll. Was dann noch an den Markt kam, mußten vorwiegend die Notenbanken aufnehmen.

Nimmt man an, die Notenbanken hätten sich seit 1969 geweigert, Dollar aufzunehmen, wäre der Zusammenbruch des venezianischen Potentials der USA schon damals offenkundig geworden. Es wäre zu einem Kurssturz des Dollars gekommen, die bestochenen Generäle, Politiker, Regierungen wären über die Verluste, die sie an ihren Dollarguthaben erlitten, empört gewesen und hätten bei nächster Gelegenheit harte Währung verlangt. Von dieser Überlegung ausgehend ist der Beutewert der Bundesrepublik leicht zu erfassen. Die Amerikaner brauchten, seitdem Vietnam an ihrer finanziellen Potenz zehrte, einen währungspolitischen »Festlanddegen«.

Vietnam bedeutete nicht nur ein Pumpwerk, das über den weitverzweigten asiatischen Geldhandel fortlaufend große Dollarbeträge in die Märkte förderte. Hinzu kam, daß die Regierungen Kennedy und Johnson gezwungen waren, dasselbe zu tun, was alle kriegführenden Regierungen zu tun pflegen: Haushaltdefizite mit der Banknotenpresse zu finanzieren, damit nicht kriegsbedingte Steuererhöhungen den Menschen die Kosten des militärischen Engagements vor Augen führen.

Seit 1960, dem Beginn der Vietnam-Eskalation, betrug das kumulative Defizit des amerikanischen Staatshaushaltes bis 1971 rund 80 Milliarden Dollar und der Zuwachs der liquiden Auslandsverschuldung der USA in derselben Zeit rund 60 Milliarden (vgl. Tabellen am Schluß des Buches). Das heißt, die Auslandgläubiger finanzierten drei Viertel des kriegsbedingten Haushaltsdefizits der USA. Denn die Dollarguthaben der Notenbanken bestehen in New Yorker Geldmarktpapieren, also in Schuldverschreibungen des Schatzamtes, und die verhältnismäßig bescheideneren privaten Dollarguthaben unterstützen indirekt den New Yorker Markt der Schuldverschreibungen des Schatzamtes.

Dies alles wäre nicht möglich gewesen, hätte die Deutsche Bundesbank sich so verhalten wie andere souveräne Notenbanken, etwa wie die Banca d'Italia oder die Banque de France. Die Banca d'Italia beispielsweise ließ nie ihre Dollarguthaben über ihre Goldbestände hinaus wachsen. Sie tauschte Dollar gegen Gold, als dies noch möglich war, in Ausnützung ihres im Bretton Woods-Abkommen verankerten Rechts, ohne sich um das Mißfallen des amerikanischen Schatzamtes zu kümmern.

Hätte die Deutsche Bundesbank ebenso gehandelt, wäre sie am 15. August 1971, als Richard Nixon einseitig die vertragliche Pflicht seines Schatzamtes aufhob, für legale Zwecke des Zahlungsverkehrs Dollarguthaben in Gold umzuwandeln, nicht mit 12 Milliarden Dollar Guthaben und 4,4 Milliarden Dollar Goldbeständen dagestanden, sondern mit mehr als acht Milliarden Dollar Gold und ebenso vielen Dollarguthaben. Sie hätte an ihren Dollarguthaben erheblich weniger Kursverluste zu verschmerzen gehabt und an ihrem Goldbestand wäre ihr eine ungleich größere – vorläufig stille – Reserve zugewachsen. Am Tage X, sobald die einmal unvermeidliche Freigabe des An- und Verkaufs von Gold durch Notenbanken zu Marktpreisen erfolgt war, hätte der Aufwertungsgewinn am Gold wesentlich den Abwertungsverlust an Dollarguthaben überkompensiert.

Um Bonn nicht Ungelegenheiten mit Washington zu bereiten, durfte die Bundesbank dies nicht tun. Sie mußte mit ihrem ganzen Gewicht als zweitstärkste Potenz unter den Notenbanken der Welt eine Politik unterstützen, die nicht die deutschen, sondern die amerikanischen Interessen wahrnahm. Diese Politik war beherrscht von der

Rücksicht auf die Wahrung des venezianischen Potentials der USA. Dazu mußte die Fiktion »Dollar ist besser als Gold« auch dann noch aufrecht erhalten werden, als die Goldverluste der USA (siehe Diagramm) bereits eine ernste und chronische Schwächung des Potentials signalisierten.

Die Bundesbank hatte bei dem auf amerikanische Initiative hin ins Leben gerufenen Pool mitzuwirken, der den Marktpreis des Goldes durch Verkäufe aus seinen Reserven bis 1966 bei der 1934 von Roosevelt etablierten Relation 35 Dollar je Unze halten sollte. Die deutsche Mitwirkung bei dieser ebenso vergeblichen wie kurzsichtigen Operation war die erste Dokumentation des Nutzens deutscher Gefolgschaft.

Obwohl die Kaufkraft des Dollar damals bereits im Durchschnitt aller anderen Rohstoffe (Moodys Index gemäß) nur mehr ein Drittel des von 1934 betrug, sollte sie in Gold ausgedrückt durch Kooperation der Notenbanken künstlich auf 100 Prozent gehalten werden. Hätte sich die Bundesbank geweigert, wären auch die anderen Notenbanken des Zehnerklubs dem Pool nicht beigetreten. Die ganze Operation, die die Bundesbank mehrere hundert Millionen Dollar in Gold kostete und ihren Dollarbestand entsprechend vermehrte, wäre unterblieben.

Die Vernunft hätte zur Weigerung raten müssen. Denn ein künstlich so niedrig gehaltener Goldpreis mußte das gelbe Metall in industrieller Verarbeitung für weite Kreise erschwinglich machen, die sonst als Käufer nicht in Frage gekommen wären. Die Produktion war bei einem solchen

Preis nicht steigerungsfähig, im Gegenteil, sie mußte eher schrumpfen. Daher war eine Scherenentwicklung zwischen Angebot und Nachfrage unvermeidlich, dem die Barriere des Pools nicht gewachsen sein konnte.
Die Amerikaner begründeten ihre Politik, den Goldpreis künstlich niedrig zu halten, mit dem Hinweis, daß ein höherer Goldpreis den Russen zugute käme, die dann für dasselbe Metallgewicht weit mehr Waren, Erzeugungsmethoden und Agenten im Westen kaufen könnten als vorher. In Wirklichkeit hofften sie wohl, einmal nach Vietnam die verlorene Hälfte ihres ursprünglichen Goldbestandes zum selben Preis von 35 Dollar wieder zurückkaufen zu können. Hinterher wäre ihnen dann eine Rückkehr zu einem marktkonformen Preis nicht mehr als Eingeständnis der Schwäche, sondern als Vorteil erschienen. Nach Lage der Dinge mußte aber diese Hoffnung eine Illusion bleiben. Der Zusammenbruch des Pools brachte einen gespaltenen Goldpreis: einen offiziellen für den Verkehr zwischen Notenbanken von unverändert 35 Dollar, der am 18. Dezember 1971 auf 38 und am 13. Februar 1973 auf etwas über 42 Dollar hinaufgesetzt wurde, und einen inzwischen mehr als zwölfmal so hohen Marktpreis. Die Fiktion des offiziellen Goldpreises (zu dem nicht eine einzige Transaktion zustande kam) sollte der Hoffnung dienen, eines Tages werde der Marktpreis wieder auf 42 Dollar absinken und damit eine wenigstens symbolische Rückkehr zur Goldkonvertibilität des Dollar, wie sie im Bretton Woods-Abkommen verankert worden war, ermöglichen. Die Ereignisse haben die Absurdität einer

solchen Hoffnung erwiesen. Absurd war diese Hoffnung schon 1966, als sich die zweite Dollarabwertung als Fehlschlag erwies und die Wogen des Goldmarktes hochgingen. Trotzdem gelang es Washington, die Notenbanken des Zehnerklubs auf diese absurde Linie festzulegen und zu verpflichten, Gold am freien Markt weder zu kaufen noch zu verkaufen.

Diese Disziplinierung im Sinne der amerikanischen Wünsche wäre ohne Mitwirkung der Bundesbank ebenfalls nicht möglich gewesen. Hätte diese als Notenbank eines souveränen Landes ihr Recht beansprucht, Gold zu kaufen und zu verkaufen, wann und wo immer es ihr wünschenswert erschien, hätten die anderen weniger potenten Notenbanken dieselbe Haltung eingenommen, und der Welt wäre eine Fiktion erspart geblieben, die sich später als so bitter krisenverschärfend erwies. In dieser Unterordnung unter das, was Washington für das amerikanische Interesse hielt (was in Wirklichkeit, wie sich später herausstellte, gar nicht im amerikanischen Interesse lag), bestand die zweite wichtige Dokumentation des Beutewertes der Deutschen. Die dritte stand mit ihr in unmittelbarem Zusammenhang.

Als sich bei der Bundesbank mehr und mehr unverwertbare Dollarmilliarden ansammelten, entstand in Washington die Sorge, die Deutschen könnten von dem ihnen laut Bretton Woods-Abkommen zustehenden Recht Gebrauch machen und, wie andere Notenbanken auch, dem amerikanischen Schatzamt Dollar zwecks Goldeinlösung präsentieren. Ein offizieller deutscher Verzicht auf dieses wichtige Recht schien mit Rücksicht auf die Reputation der USA ebenso wenig ratsam wie mit Rücksicht auf die öffentliche Meinung der Bundesrepublik. Verzichte ohne Gegenleistung sind in den zwischenstaatlichen Beziehungen selten, in denen das do ut des-Prinzip herrscht. Nur im Verhältnis des Vasallen zur Hegemonialmacht wird über dieses Prinzip hinweggegangen. Um das Vasallenverhältnis nicht öffentlich dokumentieren zu müssen, wurde der Weg eines Gentleman's agreement gewählt. Auf Wunsch der Bundesregierung schrieb der damalige Bundesbankpräsident Karl Blessing nach Washington, in dem er den Verzicht der Bundesbank auf die Einlösung ihrer Dollarforderungen in Gold aussprach.

Wie wir heute wissen, konnte dieser Verzicht die Krise des Dollars nur verzögern und nicht verhindern. Die Verzögerung bedeutete zugleich eine Verschärfung. Denn vor der 1969 einsetzenden Verschuldungsorgie der USA hätten sich die nunmehr die Weltwirtschaft zerrüttenden Probleme noch mit geringeren Opfern lösen lassen. Als Ergebnis des Blessing-Briefs mußte die Bundesbank jenen Berg an Dollarguthaben aufstapeln, an dem sie durch die Aufwertungen der DM und Abwertungen des Dollars so ungeheuere Summen verlor: bis Ende 1978: 50 Milliarden DM. Ungewollt ernteten aber die USA aus der Goldhausse einen ungeheueren Vorteil. Mit 265 Millionen Unzen besitzen sie immer noch den weitaus größten Goldvorrat der Welt. Eine Preissteigerung um 100 Dollar erhöht seinen Marktwert um 26,5 Milliarden Dollar. Das heißt, bei einem Preis von 600 Dollar erreicht der Marktwert rund 160 Milliarden Dollar und deckt damit den größten Teil der Schulden an ausländische Notenbanken, die inzwischen 180 Milliarden Dollar erreicht haben dürften (die letzten Zahlen für die liquide Auslandsverschuldung der USA betreffen 1978, spätere Angaben wurden offenbar mit Rücksicht auf ihre Wirkung an den Devisenmärkten nicht publiziert).

Seit der Dollarkrise war Washington die harte D-Mark ein Dorn im Auge. Die im Verlauf der Krise wachsende Tendenz, aus Dollaranlagen in DM-Anlagen überzuwechseln, schränkte den währungspolitischen Spielraum Washingtons ein und es entstand der Zwang, eine Rezession zu riskieren, um mittels harter Kreditrestriktionen und bisher für unvorstellbar gehaltenen hohen Zinsen den Märkten zu zeigen, daß man nun endlich bereit war, Opfer für den Dollar zu bringen. Das Ausmaß dieser Opfer hing seinerseits wieder von der Härte der D-Mark ab. Behielt diese infolge der Aktivität der bundesdeutschen Zahlungsbilanz ihre Anziehungskraft für fluktuierende Gelder, weil man mit weiteren Aufwertungen rechnete, dann wären drüben erhebliche mengenmäßige Einschränkungen der Öleinfuhr zwecks Devisenersparnis unvermeidlich gewesen. Deshalb wurde bereits seit den ersten siebziger Jahren die These vertreten, die D-Mark sei ein internationaler Störenfried wegen den unentwegten Überschüssen der bundesdeutschen Zahlungsbilanz. Aus Gründen des weltwirtschaftlichen Gemeinwohls sei es notwendig, daß die Bundesbank eine weichere währungspolitische Linie vertrete, das heißt, im Wege der Banknotenpresse einen Nachfra-

geüberhang finanziere, der die deutsche Einfuhr schneller wachsen lasse, als die Ausfuhr.
Diesem Druck wurde in der Tat nachgegeben, zumal zugleich innerpolitische Gründe angesichts der nahenden Bundestagswahl für inflationäre Ankurbelung sprechen. In der Tat wurde daraufhin die Zahlungsbilanz passiv und die D-Mark Anfang 1980 schwach. Der Beutewert der Deutschen war so wieder einmal fluktifiziert worden. Die wenigsten Amerikaner wollen begreifen, daß ihre Hybris als Hegemonialmacht und ihre Leichtfertigkeit im Umgang mit dieser Hybris die finanzielle Basis der freien Welt zerrüttet. Das Defizit ihrer Leistungsbilanz, das zur Dollarkrise führte, ist keineswegs temporär, sondern strukturell eine Folge der Energieverschwendung, für die nicht allein die Vorliebe für die Benzin fressenden Straßenkreuzer verantwortlich ist. 1964, vor der Vietnam-Eskalation, erreichten die amerikanischen Öl-Importe erst 1,1 Milliarden Dollar, eine Bagatelle bei einem Handelsbilanzüberschuß von 6,7 und einem Leistungsbilanzüberschuß von 5,7 Milliarden Dollar. Seither stiegen die amerikanischen Öl-Importe Jahr um Jahr sprunghaft, sie erreichten 1978: 39 Milliarden Dollar mit dem Ergebnis eines Defizits der Leistungsbilanz von 16 Milliarden.
Nun ist die Zahlungsbilanzstatistik der USA offenkundig lückenhaft. Der Passivsaldo der auswärtigen liquiden Überschuldung der USA steigt viel schneller, als es auf Grund der Zahlungsbilanzstatistik zu erwarten wäre. Der Status von Soll und Haben gegenüber dem Ausland beruht auf den regelmäßigen Meldungen des Bankensystems an

die Währungsbehörden. Seine Veränderungen zeigen daher zuverlässiger das wahre Bild der Lage, als die weitgehend mit Schätzungen operierende Zahlungsbilanzstatistik. Wie ein Blick auf die untenstehende Tabelle lehrt, haben die USA ihre wachsenden Ölimporte mit einem Wachstum der Überschuldung gegenüber dem Ausland bezahlt. Die liquide Auslandverschuldung erfolgte in den letzten Jahren an Währungsbehörden und Notenbanken, im Zusammenhang mit Stützungskäufen zu Gunsten des Dollar. Auf diese Notenbanken – im wesentlichen auf die Deutsche Bundesbank, die Bank von Japan und die schweizerische Nationalbank – entfiel in den letzten Jahren ein immer größerer Teil an der Auslandverschuldung der USA, weil private Dollarkäufer zunehmend mißtrauisch wurden. Mit anderen Worten: die USA haben ihren Zuschußbedarf an Energie nicht mit eigenen Waren, Dienstleistungen oder Kapitalerträgen bezahlt, sondern mit Papierdollar, die von den Öl-Lieferanten angenommen wurden, weil die drei erwähnten Notenbanken den Dollar stützten. Mit diesen Stützungskäufen wurde ein großer Teil der amerikanischen Energielücke gedeckt, wie aus folgender Tabelle (Quelle IMF-Statistik) auf Seite 96 hervorgeht:

| | Amerikanische Öl-Importe | Zuwachs der amerikanischen Verschuldung an auswärtigen Währungsbehörden |
|---|---|---|
| | Milliarden Dollar | |
| Jahresdurchschnittliche Veränderung 1979/74 | 8 | 12 |
| 1975 | 25 | 4 |
| 1976 | 31 | 11 |
| 1977 | 41 | 34 |
| 1978 | 38 | 30 |

In den beiden letzten Jahren bezahlten die Notenbanken außerhalb der USA runde drei Viertel der amerikanischen Ölimporte. Hätten sie nicht unentwegt Dollar gekauft, wäre dieser von den Öl-Scheichs als »Schwundgeld« nicht an Zahlungsstatt angenommen worden. Die Dollarstützung kostete die Bundesbank in diesem Jahrzehnt runde 50 Milliarden DM.

Dieser ungeheuere Kursverlust wurde gewiß nicht allein als Tribut an die Schutzmacht hingenommen. Man meinte, die deutsche Konkurrenzfähigkeit im Export gegen die Folgen eines allzu billigen Dollar verteidigen zu müssen. Die Stützungsoperationen verhinderten jedoch, daß in Washington zur rechten Zeit eine realistische Einschätzung der Energiesituation Platz greifen konnte. Mit dem Beutewert Bundesrepublik Deutschland lebte es sich recht schön über seine Verhältnisse, man brauchte den Wählern keine unpopulären Verzichte zuzumuten. Denken wir uns die deutsche Willfährigkeit weg, hätte schon in den ersten siebziger Jahren Washington zu Energiesparmaßnahmen greifen müssen, die die Amerikaner zur Abkehr von den Straßenkreuzern und zur Rückkehr zu Massenverkehrsmitteln gezwungen hätte. Es wäre noch Zeit gewesen für die Erschließung neuer Versorgungsmöglichkeiten (Alaska-Pipeline, Kohle), deren Wettbewerbsfähigkeit die billig vom Persischen Golf heranschwimmenden Supertanker verhinderten.

Seit dem Malheur von Harrisburg wurden Atomkraftwerke zum Objekt des Volkszorns. Mittels Atomstrom Öl einzusparen, wird kaum noch möglich sein. In dieser Zwangslage entstand in Washington der abenteuerliche Plan, eine fliegende Streitmacht von 100000 Mann aufzustellen, deren Einsatz eine Wiederholung des persischen Debakels in Saudi-Arabien verhindern sollte. Nach dieser Denkungsweise wäre ein Beschluß der Saudis, ihr Öl lieber in der Erde zu lassen, weil es dort nur teurer werden könne, während mit den aufgestapelten Dollarmilliarden ohnedies nichts Vernünftiges angefangen werden könne, der casus belli.

Die Saudis ersticken buchstäblich in Dollarguthaben. Obwohl sie ihre Importe seit 1973 verzehnfachten, stiegen die Auslandguthaben der SAMA (S. Arabian Monetary Agency) von 5 Milliarden Dollar Ende 1973 auf 70 Milliarden Mitte 1978, von denen nur 19 Milliarden Ende 1978 (4 Milliarden Ende 1973) als offizielle Währungsreserven ausgewiesen werden. Von den 70 Milliarden der SAMA sind gewiß einige Milliarden, die als Kredite arabischen und sonstigen Ländern gewährt wurden, eingefroren und praktisch wertlos. Der größte Teil schwimmt jedoch am Eurodollarmarkt in Form von kurz- und mittelfristigen Bankguthaben. Allein die Zinsen könnten zusammen mit einem auf ein Drittel reduzierten Exporterlös den Zahlungsmittelbedarf für den verzehnfachten Import des Landes decken. Angesichts des Kursverfalls bei den Dollarguthaben liegt daher der Gedanke nahe, ob es nicht besser wäre, die Ölförderung um zwei Drittel zu drosseln. Das wäre nur eine einleuchtende Variante des Sachwertsparens, das in der ganzen inflationserfahrenen Welt mehr und mehr modern wird.

Verfügte eine solche Maßnahme eine legale Regierung in Riad, nachdem die amerikafreundlichen Prinzen des Königshauses ohne Eclat von den Schaltknöpfen der Macht verdrängt worden wären, bedeutete der Einsatz der 100000 Mann eine Aggression nach schlimmstem imperialistischem Vorbild. Denn nach allgemeiner Rechtsauffassung kann der legale Eigentümer eine Sache diese dem Zugriff Dritter entziehen. Um die Tatsache, daß sie sich mit Gewalt fremdes Gut aneignen wollen, kommen die Amerikaner bei einer bewaffneten Intervention am persischen Golf nicht herum. Auch für den Fall, daß man in Riad eine Marionette fände, die die Amerikaner »zum Schutz« herbeiriefe. Moskau wäre töricht, nicht eine Lage auszunützen, die dadurch entstand, daß sich die Amerikaner vor aller Welt ins Unrecht setzten.

Auch die Russen brauchen dringend Öl. Ihre Förderung hält mit der Motorisierung nicht Schritt, ihr Ausfuhrüberschuß schrumpft. Man braucht aber Öl-Erlöse in harter Währung, um die notwendigen Weizenimporte und vor allem die westliche Technologie bezahlen zu können. Das Irak-Modell entspricht diesen Notwendigkeiten. Man bezieht mittelöstliches Öl und bezahlt es kompensatorisch mit Waffen und den einfachen Industrieprodukten, die die Sowjetunion liefern kann. Der Öl-Import setzt eine entsprechende Öl-Menge frei, die für harte Devisen verkauft werden kann. Dieses mit dem Irak vor mehreren Jahren praktizierte Modell würde gewiß Moskau gerne auch in seinen Beziehungen zu den übrigen arabischen Öl-Ländern anwenden. Das geht aber nur, wenn die betreffenden Regierungen einem gegen die Amerikaner gerichteten Volkszorn Rechnung tragen müssen. Diesen Zorn sorgfältig zu pflegen, liegt daher im vitalen Interesse der Sowjetunion. Eine sorgfältig organisierte fünfte Kolonne dient dieser Pflege. Wie sich in Persien gezeigt hat, wird im Sinne dieser Pflege peinlichst auf die religiöse Empfindlichkeit der Muslims Rücksicht genommen.

Vielleicht begnügt sich Moskau, zunächst nur den Volkszorn gegen eine bewaffnete Intervention der Amerikaner am Persischen Golf einzusetzen und die Ölförderung des okkupierten Gebiets durch organisierte Sabotage lahm zu legen. Es ist aber nicht ausgeschlossen, daß man einen Schritt weiter geht und U-Boote einsetzt, die auf hoher See Tanker mit »geraubtem« Öl zur Umkehr zwingen. In diesem Stadium würde das Gesetz der Eskalation sehr schnell zum dritten Weltkrieg führen. Eine Katastrophe, die sich aus einer Kausalkette ergibt, deren erstes, harmlos erscheinendes Glied zu übermütige Fruktifizierung des Beutewerts der Deutschen bildete. Überspitzt, aber nicht unrealistisch formuliert: weil die Amerikaner die 1978 erreichten Bequemlichkeiten nicht vermissen wollen, kann sich am Persischen Golf der dritte Weltkrieg entzünden. Eine Supermacht ohne Öl ist ein Papiertiger. Der Ölverbrauch 1978 der USA hat nach der Esso-Statistik seit 1970 um 13 Prozent zugenommen, die bestätigten Ölreserven im Inland sind jedoch um 27 Prozent geschrumpft. Mit 3842 Millionen Tonnen decken sie theoretisch den Verbrauch von viereinhalb Jahren, falls dieser auf dem Niveau von 1978 (880 Millionen Tonnen) verbliebe. Im Kriegsfall müßten die USA damit rechnen, von den Ölimporten, die 1978 nicht viel weniger als die Hälfte des Jahreskonsums deckten, abgeschnitten zu werden. Denn Tanker sind ein bequemes Ziel für Unterseeboote und Langstreckenbomber. Von der russischen Operationsbasis Aden aus könnten beide die den Persischen Golf verlassenden Tanker angreifen, von der Basis Kuba aus die von Venezuela nordwärts strebenden Schiffe. Einen langjährigen Krieg mit der Sowjetunion können jedenfalls die Amerikaner nicht durchhalten. Ohne nuklearen Einsatz müßte aber ein solcher Krieg notwendigerweise langjährig sein.

Das heißt, im Kriegsfall muß Washington die rasche Entscheidung suchen und diese kann nur atomar herbeigeführt werden.

An diesem entsetzlichen Aspekt ändert die Entwicklung

von Ersatzenergien in den USA zunächst nur wenig. Gewiß hat das dritte Reich mit synthetischem Benzin sehr lange Krieg führen können. Aber die Errichtung von Hydrieranlagen in den Kohle-Revieren erfordert Jahre. Erst in den neunziger Jahren könnten sie in ausreichender Zahl vorhanden sein. Bis dahin wird man mit gespannter Sorge verfolgen müssen, ob sich der Kreml etwa verleiten ließe, die Jahre der amerikanischen Schwäche zu nützen. Ob er seine eigene Ernährungslücke klar genug sieht, um sich nicht von der Energielücke des Gegners zu Provokationen verleiten zu lassen. Die zynische Überlegung drängt sich hier auf, ein atomarer Konflikt könnte doch auch im Wege einer Dezimierung der städtischen Bevölkerung die Ernährungslücke aus der Welt schaffen. Mit drei Millionen Essern weniger hätte der Ostblock die Ernährungsautarkie erreicht. Denn die Agrarproduktion müßte – im Gegensatz zur Industrieproduktion – nicht unbedingt unter den atomaren Verwüstungen leiden. Wer die Geschichte überblickt, wird den Zynismus der Mächtigen nicht unterschätzen. Jedenfalls muß man mit ihm rechnen, besonders in Einparteien-Systemen.

5. KAPITEL

# Das industrielle Kräfteverhältnis

In Vietnam hat die Sowjetunion mit einem vergleichsweise winzigen Einsatz an Kriegsmateriallieferungen das venezianische Potential der USA so schwer angeschlagen, daß es auf absehbare Zeit nur mehr sehr beschränkt einsatzfähig sein wird.

Dollaranleihen, die nur zum Ankauf amerikanischer Waren bestimmt sind, bleiben jedoch von der Währungskrise unberührt. Falls es in ihrem politischen Interesse liegt, können die Amerikaner Waren eigener Produktion, seien es nun Rüstungsgüter oder Produktionsmittel, nach Maßgabe ihrer freien Erzeugungskapazitäten, wem immer, auf beliebig lange Zeit kreditieren. Welche kriegsentscheidende Bedeutung die amerikanischen Materiallieferungen in zwei Weltkriegen hatten, ist hinreichend bekannt. Bezahlt wurden sie nur symbolisch, aber die Verluste wurden schnell verschmerzt. Dasselbe gilt für die Lieferungen nach Israel.

Das Gewicht des industriellen Potentials der USA kann nach wie vor das militärische Potential irgendeines Verbündeten oder eines möglichen Feindes einer anderen Supermacht stützen. Damit kommen wir zur Untersuchung der industriellen Potentiale der Supermächte und ihrer Entwicklungstendenzen. Ist auch auf diesem Gebiet die westliche Supermacht relativ (selbstverständlich keineswegs absolut) schwächer geworden?

Ein exakter Vergleich der industriellen Kapazitäten von Land zu Land wäre selbst dann unmöglich, wenn vertrauenerweckende Zahlen vorlägen. Um so mehr ist man im Ost-West-Vergleich auf rohe Peilungen angewiesen. Wertvergleiche und Indexvergleiche wären irreführend und mengenmäßige Produktionsergebnisse sind nur für einige wenige Güter vergleichbarer Art vorhanden. Ein roher Überblick über die Proportion der beiden Industriepotentiale Ostblock und USA wäre auf Grund der Mengen verarbeiteter industrieller Rohstoffe konstruierbar. Für die USA erforderte dies geringe Mühe. Für den Ostblock ergibt sich jedoch eine schwerwiegende Lücke. Der Statistik der Vereinten Nationen sind die dortigen Produktionsmengen an Stahl, Zement und einige wenige chemische Grundstoffe wie Schwefelsäure und Natriumhydroxyd sowie Kunststoffe zu entnehmen. Es fehlt jedoch das für die moderne Chemie maßgebende Chlor, und es fehlen Angaben für alle Metalle. Daher bleibt nur die Möglichkeit, die wenigen verfügbaren Daten für repräsentativ zu halten und aus ihnen Schlüsse zu ziehen.

Für die Ermittlung des Produktionspotentials ist aber zu berücksichtigen, daß zwar 1978, nicht aber 1970 die vorhandenen Kapazitäten in den USA voll ausgenützt wurden.

Die aus den Erzeugungsmengen für elektrische Energie, Stahl und den beiden für die Ostblockländer verfügbaren klassischen Chemiegrundstoffen ohne Gewicht konstruierte Kennzahl 1960 = 100 ergibt nun für die USA und für die Bundesrepublik gleichermaßen den Wert 167 für 1970, was seinen Repräsentativcharakter zu bestätigen scheint.

Bilden wir aus der halben Stromerzeugung (weil erfahrungsgemäß die runde Hälfte des Stromverbrauchs auf die Industrie entfällt) und der vollen Stahl- und der klassischen Chemieproduktion eine Kennziffer der USA für 1960, 1970 und 1978 = 100, wird die entsprechende Kennziffer für den Ostblock annähernd die Veränderung der Proportion der beiden klassischen Industriepotentiale ausdrücken:

| | 1960 | 1970 | 1978 |
|---|---|---|---|
| USA | 100 | 100 | 100 |
| Ostblock | 51 | 68 | 80 |
| Bundesrepublik | 21 | 21 | 18 |

Der Ostblock ist somit immer noch industriell erheblich schwächer als die USA. Aber der Vorsprung der USA hat so weit abgenommen, daß die kleine Bundesrepublik immer mehr zu einem Zünglein an der Waage wird. Addiert man das bundesdeutsche Potential zu dem des Ostblocks, dann betrug 1960 die Überlegenheit der USA noch 28 Prozentpunkte, 1970 nur mehr elf und 1978 wurde praktisch die Parität erreicht. Würden wir die Kennzahl des Industriepotentials nur aus Stahl und Strom bilden, ergäbe sich bereits 1970 ein Übergewicht des Ostblocks plus Bundesrepublik. Der Rückstand bei der klassischen Chemie drückt die erweiterte Kennzahl erheblich.

Die Sowjetunion ist aber auf einigen wichtigen Gebieten den USA überlegen. Bei dem rüstungswichtigen Chrom- und Manganerz ist die Sowjetunion, wie die Tabelle am Schluß des Buches zeigt, autark, während die USA über keine eigene Produktion nennenswerten Ausmaßes verfügen. Auch bei Zink, Nickel, Bauxit sind die USA auf Importe angewiesen, die durch Aktionen des Feindes gestört werden können. Gewaltig hingegen ist die Überlegenheit der USA nicht nur bezüglich der Motorfahrzeuge, obwohl die Russen ihre Produktion in den beiden letzten Jahrzehnten verzehnfacht haben, sondern bezüglich der Chemie. Repräsentative Produktionszahlen werden auf diesem Gebiete von den Russen nicht veröffentlicht. Es genügen aber die Daten für synthetische Fasern und Kunststoffe, um den Rückstand der Sowjetunion zu veranschaulichen. Unterstellt man das technologische Niveau der westlichen Welt von 1950, ist die Sowjetunion eine gewaltige Industriemacht. Gemessen an dem heutigen Niveau ist sie dies keineswegs, denn sie ist auf allen Gebieten, die seit 1950 im Westen entwickelt wurden, rückständig. Nebst der Chemie gilt dies vor allem für die Elektronik, für die repräsentative Zahlen nicht vorliegen. Man weiß lediglich, daß die Russen für den Westexport bestimmte Werkzeugmaschinen mit aus Deutschland bezogenen Steuerungsmechanismen ausrüsten müssen, um sie überhaupt verkäuflich zu machen.

Diesen Rückstand werden wir später noch genauer untersuchen, weil er für den Beutewert der Deutschen von großer Bedeutung ist. Zunächst haben wir nur festzustellen,

daß das schnellere Wachstum des östlichen Industriepotentials sich aus dem Nachholbedarf eines vorwiegend agrarisch strukturierten Landes erklärt. Die Vermutung, es wachse eine Zentralverwaltungswirtschaft rascher als eine kapitalistische Marktwirtschaft, kann durch einen Vergleich ähnlich strukturierter Gebiete verschiedener Konstitution wie beispielsweise DDR – Bundesrepublik oder Tschechoslowakei – Bundesrepublik leicht widerlegt werden. Diese Vergleiche zeigen eine geringere Fähigkeit der Zentralverwaltungswirtschaft zu Innovationen und damit ein Zurückbleiben im Bereich der »neuen« Industrien, weshalb qualitativ das Wachstum hinter dem kapitalistischen zurückbleibt.
Indessen ist die Tatsache, daß im klassischen Bereich das Moskauer Imperium industriell rascher wächst als das der USA, in politischer Hinsicht von kaum zu überschätzender Bedeutung. Wollte Moskau mit den USA rüstungsmäßig denselben Effekt erzielen, dann mußte es in den ersten fünfziger Jahren seinem industriellen Produktionsapparat einen doppelt so hohen Prozentsatz des Ausstoßes für militärische Zwecke entziehen als die USA. Entsprechend weniger blieb für zivile Zwecke übrig. Man konnte das Versprechen Chruschtschows, die USA »einzuholen und zu überholen« bezüglich des Lebenshaltungsstandards der Massen, auch nicht andeutungsweise erfüllen. Dieser Zwang zu »Kanonen statt Butter« wird im Ostblock millimeterweise kleiner. Er könnte sich mit einem Ruck verringern, wäre es möglich, das bundesdeutsche Industriepotential zu dem des Ostblocks hinzuzuaddie-

ren. Die Probleme dieser Addition müssen uns daher nun eingehender beschäftigen.
Die Experten des Kreml wissen genau über das industrielle Potential eines westlichen Landes auf Grund der veröffentlichten Statistiken Bescheid, zugleich auch über ihr eigenes Potential auf Grund der nicht veröffentlichten Statistiken. Ihre Kenntnis ist daher umfassender als die irgendeines westlichen Beobachters. Für diesen ist es nur eine Frage des Zeitaufwandes, die Produktionskapazität beispielsweise der amerikanischen Flugzeugfabriken auszurechnen. Für Rußland stehen ihm nur Produktionsmengen einiger weniger Industrie-Erzeugnisse zur Verfügung. Unter den verfügbaren Daten – etwas mehr als zwei Dutzend – wird er vergeblich solche für die Flugzeugfabriken suchen. Trotzdem lassen die veröffentlichten Daten doch einige wichtige Schlüsse zu. Wie bereits angedeutet, ergeben sich Strukturverschiedenheiten, die im Vergleich zum Westen geradezu als Deformation zu bezeichnen wären. Allein aus der Tatsache dieser Deformation ergibt sich der Schluß, daß es für den Kreml höchst wünschenswert sein muß, sie zu beseitigen.
Zunächst: die Zahl der in der bundesdeutschen Industrie Beschäftigten (8,2 Millionen) mit drei multipliziert ergibt fast genau die Zahl der in der russischen Industrie Beschäftigten (24,8 Millionen). Die in der Bundesrepublik erzeugte elektrische Energie (243 Md kwh) entspricht fast genau einem Drittel der in der Sowjetunion erzeugten elektrischen Energie (740 Md kwh). Mit dreimal soviel Menschen und dreimal soviel Energie sollte die russische

Industrie imstande sein, dreimal soviel zu erzeugen wie die Industrie der Bundesrepublik.

Diese Erwartung ist nach unten zu korrigieren, weil die Arbeitsproduktivität in der Sowjetunion erheblich geringer ist als in der Bundesrepublik. Ein Beispiel: 1970 erstellten 6,65 Millionen russische Bauarbeiter 105 (Vorjahr: 103,5) Millionen qm Wohnfläche, zur selben Zeit errichteten 2,13 Millionen Bauarbeiter in der Bundesrepublik 41,2 Millionen qm Wohnfläche. Die Produktivität eines Bauarbeiters in der Bundesrepublik betrug daher, roh gerechnet, 20 qm Wohnfläche jährlich, die eines sowjetischen Bauarbeiters 15 qm. Bei Berücksichtigung der Qualitätsunterschiede müßte die Differenz noch erheblich größer angenommen werden.

Wer, wie der Autor, viele Jahre in östlichen Betrieben als Hilfsarbeiter tätig war, weiß, daß diese Differenz nicht etwa mit größerem Fleiß des in Deutschland beschäftigten Bauarbeiters zu erklären ist. Für den Fleiß sorgt im Osten das Akkordsystem, dessen Reizwirkung ungleich größer ist als bei jedem westlichen Akkordsystem. Gönnt sich der westliche Arbeiter etwas Bequemlichkeit, verdient er weniger, aber er muß nicht hungern. Im Osten würde Bequemlichkeit die Lohntüte so arg schmälern, daß aus ihr kaum die Primärbedürfnisse gedeckt werden könnten. Im wesentlichen wird die geringere Arbeitsproduktivität des russischen Bauarbeiters auf die geringeren mechanischen Hilfsmittel zurückzuführen sein und auf planwirtschaftliche Organisationsmängel – wie etwa die typischen Arbeitspausen, weil die Materialversorgung stockt.

Diese Faktoren sind nicht nur in der Bauwirtschaft wirksam, sondern sie sind system-immanent in einer zentralverwalteten Planproduktion. Die vom westlichen Standort an die russische Industrie gerichtete Leistungserwartung wird daher mindestens um ein rundes Fünftel niedriger anzusetzen sein als auf Grund der deutschen Ergebnisse möglich erschiene. Wahrscheinlicher ist infolge der noch geringeren Mechanisierungen in anderen Zweigen als der Bauwirtschaft die Annahme einer um ein Drittel geringeren Arbeitsproduktivität. Bleiben wir bei dem Minimalwert von einem Fünftel, setzen wir den mit drei multiplizierten Wert der Produktion desselben Gegenstandes gleich 100, so müßten die russischen Produktionswerte um einen Wert von 80 herum streuen, wobei die Abweichung vom Wert 80 als Strukturverschiedenheit der russischen im Vergleich zur deutschen Industrie anzusehen wäre. Die für die vergleichbaren Waren ermittelten Werte zeigen jedoch eine Streuung von 104 Prozent des Erwartungswertes bei den in Rußland recht primitiven, keineswegs vollautomatischen Waschmaschinen und zu drei Prozent bei Personenkraftwagen. (Siehe Schaubild auf Seite 110)
Bei einer so fundamentalen Strukturverschiedenheit eines planwirtschaftlichen und eines marktwirtschaftlichen Industrie-Apparats müssen Globalzahlen zu Fehlurteilen führen. Wenn wir beispielsweise von Industrieproduktion oder gar von Sozialprodukt sprechen, so sind diese Werte für die Sowjetunion völlig anders zusammengesetzt als für irgendein westliches Land. Das heißt, als Notbehelf sind

sie mit gewissen Einschränkungen in ihrer Bewegung vergleichbar. Deshalb haben wir oben die Behauptung gewagt, das Industriepotential des Ostblocks sei im klassischen Bereich rascher gewachsen als das der USA. Bei diesem Wachstum sind aber in der Sowjetunion sehr wichtige

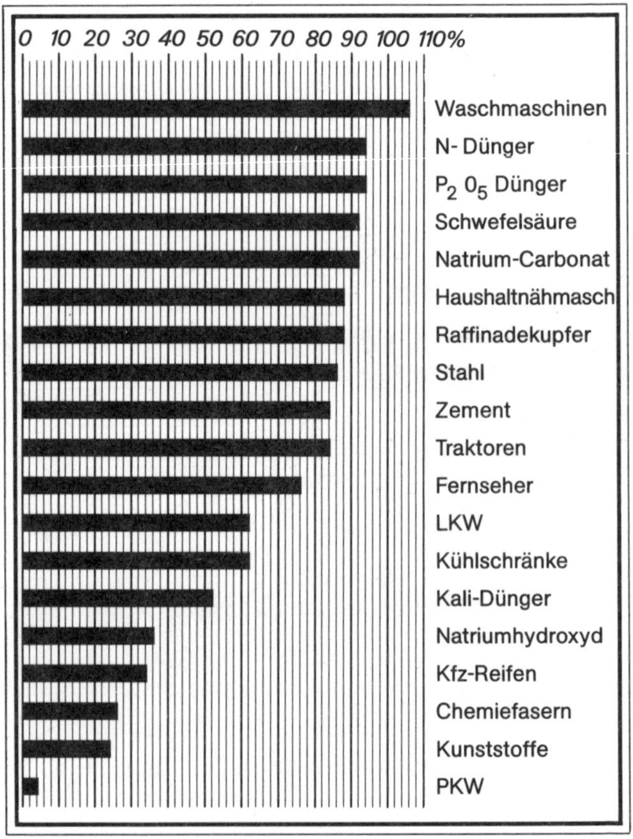


Relativierte russische Industrieproduktion vergleichbarer Güter in Prozenten der mit drei multiplizierten bundesdeutschen Produktion. Jahr: 1970. Quellen: siehe Tabelle Seite 104.

Bereiche zurückgeblieben. Die unentwickelt gebliebenen Produktionen betreffen keineswegs, wie oft im Westen behauptet wird, Konsumgüter. Die Erzeugung von Haushaltnähmaschinen oder gar von Waschmaschinen liegt über dem Erwartungswert von 80 Prozent der verdreifachten bundesdeutschen Produktion und die von Fernsehern nicht nennenswert unterhalb desselben. Hingegen liegt die Produktion des für ein so weiträumiges Land besonders wichtigen Produktionsmittels Lastkraftwagen erheblich unter dem Erwartungswert. Extrem unentwickelt ist die Erzeugung von Personenkraftwagen.

Die zur Zeit gegebene Produktionsstruktur der Sowjetunion läßt das Bestreben erkennen, den Menschen, vor allem den Frauen, dauerhafte Konsumgüter zu bieten, die im Rahmen der bescheidenen Durchschnittseinkommen erschwinglich sind. Dieses Bestreben führte bei Waschmaschinen sogar zu einer Überproduktion, die 1971 nach unten korrigiert werden mußte. Es ist auch für hohe Funktionäre unmöglich, von »sozialistischen Errungenschaften« zu sprechen, ohne für diese materielle Beispiele anführen zu können. Weshalb aber, so muß man fragen, bot man den Frauen nur Waschmaschinen und Nähmaschinen und keine Kunststoffgegenstände an? Man hätte das wohl gerne getan, hätten die Mittel für den Aufbau einer entsprechenden Kunststoffproduktion zur Verfügung gestanden. Die Kapitalbildung (die in der Sowjetunion weniger in Form von Ersparnissen der Bevölkerung erfolgt, als in Form des »cash flow« der volkseigenen Unternehmungen, der an die Zentralverwaltung überwiesen wird)

reichte nicht, und es reichte wohl auch nicht das know how.
Es kann kein Zufall sein, daß die für die alte Chemie repräsentative Schwefelsäureproduktion über dem Erwartungswert liegt, während die Zahlen für die Sparten der neuen Chemie weit hinter den Erwartungswerten zurückbleiben. Die Deformation des russischen Industriepotentials entstand, weil die Entwicklung der Chemie und der Motorisierung nicht mit dem Tempo der marktwirtschaftlich orientierten Länder Schritt halten konnte.
Die neue Chemie ist weitgehend Petrochemie, das heißt, sie setzt als Versorgungsbasis entsprechende Raffineriekapazitäten voraus. Auf den ersten Blick erscheinen die russischen Raffineriekapazitäten überraschend groß. Sie liegen nur um 15 Prozent unter dem Erwartungswert (bundesdeutsche Kapazität mal drei). Der Widerspruch zu dem geringen Motorisierungsgrad der Sowjetunion löst sich auf, wenn man an die gewaltigen Entfernungen denkt, die dort zu überbrücken sind. Die Warenbewegung auf Straße und Schiene in dem engen Raum der Bundesrepublik erfordert im Vergleich zu dem großen Raum der Sowjetunion nur sehr bescheidene Treibstoffmengen.
Hinzu kommt der klimatische Unterschied. Infolge des langen und harten Winters erfordert die Beheizung der russischen Betriebe, öffentlichen Einrichtungen und der neuen Wohnblocks unverhältnismäßig größere Ölmengen. Zieht man dies in Betracht, muß die russische Raffineriekapazität als viel zu klein für die anlaufende Motorisierung angesehen werden. Eine Vergrößerung dieser Ka-

pazität verringert aber die für den Export zur Verfügung stehenden Rohölmengen und schwächt damit die ohnedies geringe Zahlungsfähigkeit für Importe.
Wie aus dem Schaubild unten hervorgeht, ist die Raffineriekapazität Chinas trotz sehr schnellen Ausbaus immer noch winzig. An die Bewegung größerer motorisierter Truppenverbände ist daher nicht zu denken. Andererseits sind die im Boden befindlichen, aber bereits bekannten Erdölreserven des Landes groß. Die Esso schätzt sie auf das achtzigfache der augenblicklichen Verarbeitungs-

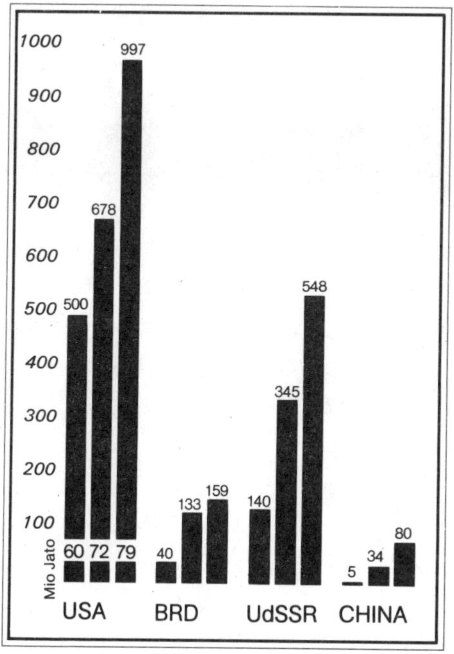


Kapazitäten der Mineralölraffinerien in Millionen Jahrestonnen, geschätzt von der Esso AG 1960, 1972 und 1978

kapazität, während die der Sowjetunion das achtundzwanzigfache und die der USA sogar nur das neunfache der Raffineriekapazität betragen, einschließlich des militärisch leicht verwundbaren Alaska. Erst in vielen Jahren kann ein motorisierter Krieg für China möglich sein.

Die Bestrebungen des Kreml, die erwähnte Deformation der industriellen Struktur zu mildern, sind offenkundig. Das LKW-Werk Kama und das PKW-Werk Togliattigrad, die Bestellungen von kompletten Fabrikationsstätten im Bereich der neuen Chemie beweisen, daß die verfügbaren Westdevisen vordringlich für den Import von Produktionsmitteln und das know how in den unterentwickelten Sektoren eingesetzt werden. Kaum vorstellbar sind aber so große Devisenüberschüsse, die es ermöglichen würden, die Deformation überhaupt zu beseitigen. In einem Vortrag am 5. Februar 1970 bezifferte Joachim Zahn, der Vorsitzende des Vorstandes der Daimler-Benz A.G., in einem ganz anderen Zusammenhang den Kapitalaufwand für eine Automobilfabrik von 500 Wagen Tagesproduktion (entsprechend 125000 Jahresproduktion) auf 650 Millionen DM. Heute muß man wohl mit 1,6 Milliarden rechnen.

Die nach Fertigstellung des Kama-Werkes in der Sowjetunion vorhandene LKW-Kapazität wird auf 800000 Einheiten Jahresproduktion geschätzt, gegenüber nahezu vier Millionen der USA. Theoretisch wäre es denkbar, daß die USA eine halbe Million LKW jährlich den Chinesen liefern, ohne ihre eigene Versorgung allzusehr zu schmälern. Denn die Kapazität der amerikanischen LKW-Industrie wird in letzter Zeit nur zu drei Vierteln ausgenützt. Ohne LKW kann man im Raum des asiatischen Festlandes weder Truppen, noch Waffen oder Versorgungsgüter bewegen. Eine allzu große LKW-Unterlegenheit würde die militärische Lage Chinas in einem Konflikt mit der Sowjetunion geradezu hoffnungslos erscheinen lassen. Gleichgewicht an Transportkapazität bedeutete demgegenüber bereits Unterlegenheit des an Menschenzahl schwächeren und atomar verletzlicheren Rußland. Die Chinesen könnten das Kama-Werk möglicherweise nuklear auslöschen, keineswegs jedoch können die Russen dasselbe mit Detroit tun, weil dies einen Atomkrieg auf zwei Fronten bedeutete.

Damit ergeben sich für das strategische Konzept der Sowjetunion zwei Notwendigkeiten:

1. Eine Überlegenheit an LKW-Kapazität auch für den Fall, daß die (uns unbekannte, aber den Geheimdiensten wohlbekannte) Erzeugung Chinas im Kriegsfall durch amerikanische Lieferungen von einer halben Million Einheiten jährlich verstärkt wird.
2. Eine Reservekapazität außerhalb des sowjetischen Territoriums und außerhalb der Reichweite chinesischer Raketen.

Erfüllung des Punktes 1 bedeutete Errichtung von weiteren LKW-Werken mit zusammen 500000 Einheiten Jahreskapazität, was einem Kapitalbedarf von mehr als sechs Milliarden DM in Westdevisen entspricht.

Eine enorme Exportsteigerung, auch auf mehrere Jahre verteilt, wäre notwendig, um diesen Mehrbedarf an Devisen zu decken. Sie begegnete außerordentlichen Schwierigkeiten, nicht allein, weil im Westen verkaufsfähige Erzeugnisse der Sowjetunion nur in geringem Umfang zu Verfügung stehen. Vielmehr bedeutet jeder in Rußland zusätzlich laufende Explosionsmotor eine Schwächung des Exportpotentials, weil er das Öl verbraucht, das bisher im Export Devisenerlöse brachte. Bei den großen Transportschwierigkeiten, unter welchen die auf ein ungeheueres Gebiet verteilte russische Wirtschaft leidet, ist anzunehmen, daß jeder zusätzlich produzierte LKW auch benutzt wird. Nehmen wir den Jahresverbrauch eines LKW mit 20 t Rohölwert an, dann vermindert eine halbe Million zusätzlicher LKW die für den Export zur Verfügung stehende Menge um 10 Millionen Tonnen Rohöl jährlich. Eine Zunahme der russischen Erdölförderung im bisherigen Ausmaß von 20 bis 25 Millionen Tonnen jährlich, würde daher nahezu zur Hälfte von der zusätzlichen LKW-Kapazität verzehrt werden, die andere Hälfte von der allmählich den Rückstand aufholenden PKW-Produktion. Schon in den Anfängen des Aufholens bei der Motorisierung erwies sich der russische Exportüberschuß an Öl bisher nicht mehr nennenswert steigerungsfähig. Absatzmöglichkeiten wären gegen harte Devisen reichlich gegeben, aber die Liefermöglichkeiten waren durch enttäuschende Förderungsergebnisse und steigenden Eigenverbrauch beengt. Die Rohölförderung unterschritt seit 1972 das Plansoll. Die auswärtige Zahlungsfähigkeit der Sowjetunion ist zur Zeit nicht mehr nennenswert expansionsfähig.

Gewiß mag es denkbar sein, daß sich Moskau entschlösse, zur Verbesserung der Devisenerlöse einige hunderttausend Waschmaschinen auf westliche Märkte zu werfen. Die Sowjetbürger sind daran gewöhnt, daß es immer etwas nicht gibt. Waren vor drei Jahren Waschmaschinen im Überfluß angeboten, dann wird niemand sich wundern, wenn einige Jahre hindurch Waschmaschinen Mangelware sind. Selbst bei außergewöhnlich billigen Preisen werden die verwöhnten Kunden im Westen nur selten an den primitiven russischen Erzeugnissen Gefallen finden. Russische Exportoffensiven, die zweistellige DM-Millionen als zusätzliche Devisen einbringen, sind denkbar, solche, die Milliarden einbrächten, völlig undenkbar.
Auf der anderen Seite besteht keineswegs allein ein Devisenbedarf in Milliardenhöhe für das Aufholen des Rückstandes in der Automobilindustrie. Die Fahrzeuge brauchen Bereifung. Sowohl in der Produktion von Reifen wie der von synthetischem Kautschuk sind die Russen kapazitätsmäßig auf die bisherige minimale Motorisierung ausgerichtet. Auch hier besteht ein latenter Devisenbedarf für den Import von Maschinen und know how, der in dem Maße aktuell werden muß, wie neue LKW- und PKW-Kapazitäten in Betrieb gesetzt werden. Den größten Devisenbetrag dürfte jedoch das Aufholen der chemischen und elektronischen Produktion erfordern. Er läßt sich kaum annähernd berechnen. Insgesamt ist aber die Aussage möglich, daß die Beschaffung des westlichen Ausrüstungsmaterials auch für eine nur teilweise Milderung der Disproportionen im russischen Industrieapparat Devisen

für mehr als 20 Milliarden Dollar kostet. Nach einer Tass-Meldung vom 12. April 1973 erfordert allein das mit der amerikanischen Occidental Petroleum Corp. vereinbarte Aufbau-Programm für Kunstdüngerfabriken bis 1992 acht Milliarden Dollar. Es ist nur mit finanziellen Schwierigkeiten zu erklären, daß dieses Programm auf zwanzig Jahre verteilt werden mußte. Technisch wäre es auch in fünf Jahren zu erfüllen.

Die zu strenger Verschwiegenheit verpflichteten Wirtschaftsexperten in Moskau allein können wissen, wieviel und zu welchen Rückzahlungsfristen die Sowjetunion bzw. der Comecon-Bereich dem Westen schuldet. Ob es auch die Spitzen der Kreml-Hierarchie wissen, ist fraglich. Denn dieses Wissen ist für sie denkbar unerfreulich und noch nie hat sich ein Untergebener bei den Mächtigen mit schlechten Nachrichten unbeliebt gemacht, wenn er es vermeiden konnte. Über die Westverschuldung der Sowjetunion und ihrer Satelliten wird im Osten jede Auskunft verweigert. Daher sind die Gläubiger gezwungen, Informationen auszutauschen, um sich ein Bild der Entwicklung der Bonität ihrer Schuldner zu machen. Nach diesen Recherchen auf Gläubigerseite, die am 19. Juni 1979 auf einem Symposium des internationalen Zentrums für Ost-West-Kooperation in Berlin vorgelegt wurden, erreichte die Comecon-Verschuldung an westliche Banken einschließlich Kredite des Euro-Marktes Ende 1978: 59 bis 60 Milliarden Dollar, deren Bedienung für Zinsen und Amortisationsquoten 40 Prozent der Devisenerlöse der betreffenden Länder erforderte. Ende 1979 berechnet

sie das österreichische Institut für Wirtschaftsforschung bereits auf 65 Milliarden Dollar.
Soll die Verschuldung nicht weiter wachsen und der Schuldendienst durch neue Kreditaufnahmen finanziert werden, müßten daher die Ostblockländer ihre Importe aus dem Westen um 40 Prozent einschränken. Das tun sie aber nicht. Im Gegenteil, ihre Importe aus dem Westen, die 1977 um zwei Prozent eingeschränkt worden waren – eben im Hinblick auf den Devisenmangel – expandierten 1978 um 10,6 Prozent, dank der Kreditbereitschaft der westlichen Banken und der staatlichen Exportkreditgarantien, mit denen 43 Prozent der Lieferungen nach dem Osten finanziert werden. Die Tendenz zur wachsenden Verschuldung ist ungebrochen, zumal 1979 und 1980 angesichts der Ernte-Ausfälle im Osten wieder umfangreiche Nahrungsmittelimporte aus dem Westen bezahlt werden müssen. Wichtig ist, daß die bisherige Expansion der Ost-Schulden trotz der großen Goldverkäufe der Sowjetunion auf den westlichen Handelsplätzen erfolgte. Das Londoner Goldhandelshaus Samuel Montagu § Co., das den Markt genau kennt, schätzt die russischen Goldverkäufe 1978 auf 430 Tonnen. Der Erlös für diese Verkäufe ist nur über den Daumen anzupeilen, da die Preise stark schwankten und man nicht weiß, zu welchen Preisen die Russen verkauften. Immerhin ist die Annahme wohl nicht weit von der Wirklichkeit entfernt, daß es sich bei dem Erlös um eine Summe von annähernd zwei Milliarden Dollar gehandelt haben dürfte, eher weniger, denn die Preise waren 1978 noch relativ niedrig. 1979, als die Goldhausse ei-

gentlich erst begann, konnten die Russen nach Schätzung der Consolidated Goldfields um rund 180 Tonnen weniger verkaufen. Diese Angebotsminderung war wohl für die Hausse mit verantwortlich. Der Erlös für die 250 verkauften Tonnen dürfte jedoch infolge des gestiegenen Preises nicht unter dem von 1978 gelegen haben. Er deckte nur knapp das Zinsenerfordernis für die am Euromarkt aufgenommenen Schulden, die auf »Roll over basis« für Dollar über zehn Prozent lagen. Um wieviel die Goldverkäufe im Westen die laufende Förderung übersteigen, ist unbekannt, denn Moskau hält die Goldförderungszahlen geheim, um dem Westen keinen Einblick in seiner Solvenz zu ermöglichen. Letzte Schätzungen von Consolidated Goldfields lauten auf 280 bis 350 Tonnen. Nimmt man 300 Tonnen an – unerschöpflich können die sibirischen Bergwerke nicht sein – würde dies bei einem Durchschnittspreis von 16 Millionen Dollar für die Tonne der russischen Zahlungsbilanz immerhin jährlich 4,8 Milliarden Dollar zuführen. Schätzt man den Zinsendienst auf zwei Milliarden Dollar, blieb noch eine erkleckliche Summe zur Bezahlung der Getreide-Importe übrig.

Aus der Hausse des Erdöls zogen die Russen noch größeren Nutzen, als aus der des Goldes. Nach der Esso-Statistik hatten sie 1978 einen Export-Überschuß von 72 Millionen Tonnen. Hält man einen Preis von 150 Dollar je Tonne für möglich, betrüge der Erlös über 10 Milliarden Dollar. Er würde zusammen mit dem Golderlös die Kosten der Getreide-Importe decken. Ungedeckt blieben die technologische Lücke, das heißt die Kosten der Ma-

schinenimporte, die nicht durch Gegenlieferungen von Fabrikaten und Rohstoffen bezahlt werden.
Im Gegensatz zu dem Schleier des Geheimnisses über der russischen Goldproduktion ist die Ölförderung einigermaßen transparent, auch was die Leistungsfähigkeit der einzelnen Reviere und die Aufschließungsarbeiten an neuen Vorkommen betrifft. Eine im April 1977 erstellte Expertise der der amerikanischen Regierung nahestehenden »Central Intelligence Agency« kommt auf Grund dieser Daten zu dem Schluß, die Ölförderung der UdSSR werde Ende der siebziger Jahre stagnieren und spätestens Anfang der achtziger Jahre rückläufig werden. Tatsächlich nehmen die prozentualen Zuwachsraten der Förderung schon seit 1960 ab und die Plansolls mußten immer wieder herabgesetzt werden. Trotzdem wurden sie wiederholt – so auch 1978 – nicht erreicht. Immerhin sind die für den Westexport zur Verfügung stehenden Mengen bis 1978 weiterhin gestiegen, wie aus der Tabelle auf Seite 122 hervorgeht.
Obwohl die Satelliten ihr von der Sowjetunion gedecktes Manko verdoppelten – eine Folge ihrer im Vergleich zu Rußland schnelleren Motorisierung – ist der theoretisch für den Westverkauf zur Verfügung stehende Überschuß von 50 Millionen t 1970 auf die bereits erwähnten 72 Millionen t gestiegen. Allerdings ist der Dollarerlös für diese Menge nur eine theoretische Möglichkeit. Praktisch sind davon erhebliche Mengen abzuziehen, die aus politischen Gründen ohne Barzahlung Entwicklungsländern – vor allem Kuba, Vietnam usw. – zur Verfügung gestellt werden.

| | 1970 | 1978 |
|---|---|---|
| UdSSR | Millionen | Tonnen |
| Förderung | 353 | 573 |
| Verbrauch | 262 | 415 |
| Überschuß | 50 | 72 |
| Satelliten | | |
| Förderung | 20 | 24 |
| Verbrauch | 61 | 110 |
| Manko | −41 | −86 |

Quelle: Esso-Statistik

Nach der OECD-Statistik beispielsweise betrugen die von den Mitgliedsländern bezogenen Mengen russischen Öls 1976 nur 56 Millionen t, während sich nach der Esso-Statistik, die auf russischen Quellen basiert, eine für den Westen verfügbare Menge für dasselbe Jahr von 69 Millionen t errechnet.

Ihr Imperialismus kostet die Sowjetunion wachsende Mengen ihres kostbaren Öls. Mit der westlichen Technik vergleichbare Industrieprodukte hat sie nicht zu bieten, ebensowenig Nahrungsmittel eigener Erzeugung. Als politisches Druckmittel gegenüber den völlig oder nur halb unterworfenen Regierungen bleiben nur Waffen übrig und Öl. Diesen Imperialismus finanziert groteskerweise das westliche Bankensystem. Es wird dies solange tun, bis die Gefahr der Insolvenz des Schuldners offenkundig wird.

Über diese Gefahr sehen die Bankiers, die ja nicht eigenes Geld, sondern das ihrer Institute riskieren, hinweg, weil sie der Meinung sind, im Notfall würden ihre eigenen Regierungen als Bürge und Zahler einspringen, weil der Eklat einer Insolvenz des Ostblocks die Entspannungspolitik zu Fall brächte. Im Insolvenzfall Türkei ist dies 1979 geschehen, weil die Nato ein Ausscheiden der Türkei aus dem Bündnissystem befürchtete. Im Fall Polen – der binnen kurzem aktuell werden dürfte, rechnet man mit einer gemeinsamen Sanierungsaktion der Bundesrepublik und der Sowjetunion. Was aber, wenn diese selbst am Euromarkt nicht mehr die Kredite erhält, um die gewaltigen Zinsen ihrer bisherigen Schulden bezahlen zu können? Um Zinsen und Zinseszinsen müssen diese Schulden auch dann wachsen, wenn die Sowjetunion mit vergrößerten Dollarerlösen für Öl ihre Einfuhr westlicher Technik voll decken könnte. Aber selbst das ist unwahrscheinlich, auch für den Fall, daß man die oben erwähnte amerikanische Expertise als zu pessimistisch ansieht. Der Ölgigant Sowjetunion wird von den wachsenden Ansprüchen an ihn überfordert. Da ist der steigende Inlandverbrauch, der auch durch die horrenden Preise, die Inländer für ein Personenauto zahlen müssen, nur teilweise gebremst wird. Der Bremswirkung unterliegen nicht die Funktionäre und ihre Zahl wächst. Da ist der Ölhunger der Satelliten, denen die Dollar zur Bezahlung westlicher Importe fehlen. Da müssen die Ansprüche der Halb-Satelliten befriedigt werden, weil sie sonst, wie einst Ägypten, ins westliche Lager überschwenken könnten. Und da ist nicht zuletzt die Er-

schöpfung der alten Ölfelder und die unzureichende Aufschließung neuer, die im sibirischen Eis ungeheure Schwierigkeiten überwinden muß.
Die Insolvenz der Sowjetunion ist mit dem imperialistischen Konzept des Kreml vorprogrammiert. Ungewiß ist nur der Zeitpunkt dieses Ereignisses. Moskau trachtet ihn hinauszuschieben und es schränkt daher schweren Herzens seine Importe westlicher Technik mehr und mehr ein. Das hat auf die Quantität des Industriepotentials im herkömmlichen Bereich keinen Einfluß. Stahl für Panzer und Kanonen ist reichlich vorhanden. Die Qualität des Industriepotentials muß aber unter diesen Verhältnissen weiter hinter dem hoch entwickelten Westen zurückbleiben. Ganz ohne Einfluß auf den militärischen Bereich kann dies nicht sein. Denn militärische Überlegenheit ohne technische Überlegenheit mag für taktische Erfolge reichen, nicht aber für die letzte strategische Entscheidung.
Im Vergleich mit China steht die Überlegenheit des russischen Industriepotentials außer Zweifel. Bei einem atomaren Massaker würden die Russen allerdings den kürzeren ziehen. Mehr als zwölf Prozent der Russen wohnen in Städten von mehr als einer Million Einwohner. Ähnliche Angaben fehlen für China, aber es kann als sicher gelten, daß in den Großstädten weniger als vier Prozent der 800 Millionen Chinesen wohnen. 50 Millionen Tote, wie sie beim Ausradieren der großen Städte mindestens zu erwarten wären, beraubte die Sowjetunion um ein Fünftel ihrer Einwohner, entlastete aber China nur von dem Überdruck einer zu großen Bevölkerung. Es liegt daher im

Interesse der Russen, eine kriegerische Auseinandersetzung mit China nicht atomar, sondern herkömmlich zu führen.

Die militärischen Experten in Moskau würden ihre Pflicht vernachlässigen, gingen sie nicht daran, jenes Minimum an zusätzlicher industrieller Kapazität auszurechnen, das im Hinblick auf eine kriegerische Auseinandersetzung mit China für den Fall erforderlich ist, daß dieser potentielle Gegner ebenso durch amerikanische Materiallieferungen gestützt wird, wie die Sowjetunion im Zweiten Weltkrieg gestützt wurde. Dieses Minimum muß im Laufe der Jahre in dem Maße höher veranschlagt werden, als die Chinesen mit dem Ausbau ihres bisher geringen industriellen Potentials Fortschritte machen.

Die Annahme, die Vereinigten Staaten würden im Falle eines russisch-chinesischen Konflikts neutral bleiben, ist realistisch, weil sie den amerikanischen Interessen ebenso entspricht, wie die zunächst in den beiden Weltkriegen eingenommene neutrale Haltung. Diese theoretische Neutralität hat aber Washington keineswegs daran gehindert, mit Materiallieferungen jene Partei zu unterstützen, deren Sieg ihren Interessen besser entsprach als der Sieg der Gegenpartei. Russisches Kriegsziel in einem Konflikt mit China kann nur eine Wiederholung des tschechoslowakischen Modells von 1968 in gigantisch vergrößertem Maßstab sein: Etablierung eines die Führungsrolle Moskaus anerkennenden Regimes in Peking. Zu diesem Zweck ist es nicht erforderlich, das ungeheuere Gebiet der chinesischen Volksrepublik militärisch zu besetzen. Es genügt die Besetzung Pekings, die Inthronisierung einer neuen Regierung und die Unterstützung dieser Regierung bei ihrem Bestreben, die provinziellen Zentren der alten Regierung zu liquidieren und sie personell umzubesetzen. Religionskriege werden mit der Vertreibung der Priester der als häretisch erklärten Lehre und mit ihrem Ersatz durch Priester der allein seligmachenden Lehre entschieden. Insofern würde ein chinesisch-russischer Konflikt manche Parallelen mit den Ereignissen zwischen dem schmalkaldischen und dem dreißigjährigen Krieg in Mitteleuropa aufweisen.

Der lachende Dritte wird aber nur dann stärker, wenn er einen totalen Sieg einer Partei verhindern kann. Deshalb unterstützte der Kardinal Richelieu nicht das katholische Habsburg, sondern seine Gegner, die er als Ketzer hätte verabscheuen müssen. Eine Liquidierung der Priester des Maoismus und ihr Ersatz durch kremltreue Priester ergäbe eine Lage, die mutatis mutandis genau derjenigen entspräche, die nach einem Totalsieg Habsburgs in Mitteleuropa entstanden wäre: ein einheitliches und daher übermächtiges katholisches Reich.

Washington kann einen so riesigen eurasischen Machtblock ebensowenig wünschen, wie Kardinal Richelieu einen übermächtigen mitteleuropäischen Machtblock akzeptieren konnte. Es wird sich daher gezwungen sehen, diejenigen »Ketzer« zu unterstützen, die am Leben bleiben müssen, um durch ihre bloße Existenz das Potential der anderen Ketzer zu schwächen. Wer immer auch Präsident der Vereinigten Staaten sein mag, es ist anzunehmen, daß er die Interessen seines Landes wahren wird. Eine solche Interessenwahrung erfordert in einer russisch-chinesischen Konflagration zwar formelle Neutralität, effektiv aber Unterstützung der Regierung in Peking mit »Pacht- und Leihlieferungen«.

Der russische Generalstab wird daher bei der Analyse der Interessenkonstellationen und der der Interessenwahrung zur Verfügung stehenden Potentiale zu dem Schluß gedrängt, daß dem chinesischen Gegner eine Abstützung auf dem amerikanischen Industrie-Apparat möglich ist. Das bedeutet, daß Moskau eine Überlegenheit der eigenen Produktion an militärisch wichtigen Dingen keineswegs befriedigen kann, weil es zu der gegnerischen Produktion die Möglichkeiten eines Nachschubs aus amerikanischen Häfen hinzurechnen muß. Eine solche Rechnung erscheint weder bei dem augenblicklichen noch bei einem künftig wahrscheinlichen Stand der Dinge für die russischen Interessen befriedigend.

Die Eroberung von Peking wäre kein militärischer Spaziergang, sondern eine vermutlich langwierige Angelegenheit, die ungeheure Mengen an Versorgungsgütern und Transportmöglichkeiten erforderte. Solange russische Mißernten aktuell bleiben, wäre er rein ernährungsmäßig nur mit westlicher Hilfe möglich. Ohne Getreide-Nachschub aus den USA und Kanada, ja in geringen Mengen auch aus Frankreich und der Bundesrepublik könnte Rußland nicht einmal eine ruhende Armee voll ernähren, geschweige denn eine in Bewegung befindliche Armee, bei der der durch zusätzliche Transporte bedingte Verlust von der Logistik zu kalkulieren wäre. Solange eine Wiederholung der Mißernte von 1972 nicht als ausgeschlossen gelten kann, ist Rußland unfähig, einen langwierigen Krieg zu führen. Mangels Transportkapazität ist es auch unfähig, Peking zu erobern, wenn die dortige Regierung ihre Verbände mit amerikanischer Hilfe in einem für den Bewegungskrieg hinreichenden Umfang motorisiert. Von dieser Inventur der Lage ausgehend, sind die Folgerungen abzuschätzen, die für die Wahrung der russischen Interessen auf der politischen Ebene zu ziehen sind.

6. KAPITEL

# Das finanzielle Konzept

Wer Macht errungen hat, wird sich nicht mit einem Zustand abfinden, der das von ihm beherrschte System in Ohnmacht hält. Daß ein solcher Zustand für das Moskauer Imperium im Hinblick auf eine unvermeidliche Auseinandersetzung mit China gegeben ist, müssen die dortigen Experten viel besser wissen als wir, weil ihnen detailliertere Zahlenangaben zur Verfügung stehen. Um nicht von westlichen Getreidelieferungen abhängig zu sein, braucht die Sowjetunion Getreide-Hektarerträge, die im mehrjährigen Durchschnitt 18 dz übersteigen. Dann wäre auch in Jahren extrem schlechter Witterungsbedingungen eine ausreichende Versorgung mit Brotgetreide gewährleistet. Der Überschuß in Jahren günstiger Witterung stünde Verfütterungszwecken zur Verfügung. Das würde endlich eine bessere Fleischversorgung der Menschen ermöglichen. Eine 25-prozentige Steigerung der Hektarerträge entspricht daher sowohl den Wünschen des Generalstabes, wie denen der politischen Führung, die sich nur allzugerne vor den Massen mit der »sozialistischen Errungenschaft« besserer Ernährungsmöglichkeiten ausweisen möchte. Die Hektarerträge der russischen Landwirtschaft sind die niedrigsten des ganzen Ostblocks. Gewiß hat auch China eine Ernährungslücke, es muß Jahr um Jahr australisches, kanadisches und anderes Getreide importieren. Es kann aber sicher sein, im Konflikt mit Rußland diese Versorgung nicht zu verlieren, da es im Interesse des Westens gelegen ist, den schwächeren der beiden roten Rivalen zu unterstützen. Die Sowjetunion muß aber damit rechnen, von westlichen Getreidelieferungen abgeschnitten zu werden. Sein Triumph über China wäre der Beginn einer russischen Hegemonie über die ganze Welt. Es kann daher nicht im westlichen Interesse sein, diesen Triumph mit Getreidelieferungen zu fördern.

Auch ein kommerzielles Interesse an einer solchen Förderung ist nicht anzunehmen, da China als Ersatzkunde in Betracht kommt. Die agrarische Reservekapazität der USA wird allmählich kleiner, die aus markttechnischen Gründen (zwecks Verhinderung von Überproduktion gegen Regierungsprämien) still gelegten Böden müssen wieder genutzt werden. Das Bevölkerungswachstum der Erde und die Unfähigkeit der sozialistischen Länder, sich aus eigener Kraft zu ernähren, hat die Szenerie der Märkte gewandelt. Es ist nicht mehr der Kunde König, man kann es sich leisten, einem politisch mißliebigen Kunden den Brotkorb höher zu hängen. Darauf muß das strategische Konzept Moskaus Rücksicht nehmen.

Aus diesen Überlegungen ergibt sich von Moskau aus gesehen folgende Rangordnung der Dringlichkeitsstufen:

Dringlichkeitsstufe I: Zur Steigerung der Agrarproduktivität beschleunigter Ausbau der Erzeugungskapazitäten für Phosphordünger, Aufschließung neuer Kalivorkommen, Expansion der Erzeugung von Pflanzenschutzmitteln und Landmaschinen, die wegen ihrer häufigen Defekte in viel größerer Zahl gebraucht werden als im Westen. Dasselbe gilt für die der Landwirtschaft zur Verfügung stehenden Lastkraftwagen.

Dringlichkeitsstufe II: Weiterer beschleunigter Ausbau der Automobilindustrie, da die Erreichung des Kriegszieles in China ein Vielfaches der bisherigen Transportkapazität erfordert.

Dringlichkeitsstufe III: Rascher Ausbau der Kapazitäten bei den Zulieferungsindustrien (vor allem Reifen, Kunststoffe, Petrochemie und ähnliches).

Dringlichkeitsstufe IV: Verstärkte Automatisierung quer durch die wichtigsten Industrien, um deren Ausstoß und die Arbeitsproduktivität schneller zu erhöhen.

Gewiß braucht man für alle diese Dringlichkeiten auch mehr Stahl und Zement. Das ist aber nicht der zentrale neuralgische Bereich. In den alten, klassischen Industrien ist die Produktion im Osten erstaunlich steigerungsfähig, sogar, wie wir gesehen haben, in einem schnelleren Tempo als im Westen. Nur in speziellen Fällen (LD-Verfahren, Stranggußverfahren) war westlicher know how erforderlich. Bei den industriellen Novitäten jedoch gibt es nur selten eigene östliche Entwicklungen. Apparatur und know how müssen im Westen gekauft werden. Die beiden technisch verhältnismäßig hoch entwickelten Satelliten, die DDR und die CSSR, sind für den ungeheuren Nachholbedarf der Russen zu klein und sie sind in vielen neuen Entwicklungen selbst nicht auf der Höhe der Zeit.

Mit anderen Worten: die bisherige Beute von 1945 (ein

Viertel der Deutschen und dazu noch acht Millionen Tschechen mit ihrem Intelligenz- und Industriepotential) ist für die Erfordernisse, die sich aus dem Konflikt mit China ergeben haben, zu gering. Diese beiden für die Verhältnisse von 1945 hoch entwickelten Industriepotentiale paßten ursprünglich wunderbar als Ergänzung des unterentwickelten Industriepotentials der Hegemonialmacht. Letztere konnte die Tauschrelationen durch ihre Befehlsgewalt über die politischen Funktionäre zu ihren Gunsten beeinflussen. Die Elektrolok, die Turbine, die Werkzeugmaschine konnten für eine geringere Menge Getreide aus der Ukraine, Eisenerz aus Krivoj Rog, Öl aus Baku eingetauscht werden, als dies im Außenhandel mit dem Westen möglich gewesen wäre. Diese Konstellation begründete einen hohen Beutewert, abgesehen von dem Nutzen dieser Länder als Glacis im Kriegsfall mit dem Westen, dessen Verwüstung ohne erheblichen Schaden für die militärische Kraft des riesigen Hinterlandes bleiben mußte.

Die letzten Jahre jedoch haben den wirtschaftlichen Beutewert dieser Länder ins Gegenteil verkehrt. Weder die DDR noch die Tschechoslowakei verfügen nach heutigen Maßstäben über ein dem Westen vergleichbares Industriepotential. Die Bürokratisierung der sozialistischen Planwirtschaft zeigt ihre – negativen – Früchte. Technologisch sind heute beide Länder rückständig, sie müssen selbst hoch entwickelte Produktionsmittel im Westen kaufen – falls sie hierfür die Devisen aufbringen. Den Russen können sie nur herkömmliche Fabrikate liefern, die für diese gar nicht mehr so wichtig sind. Wichtig ist allein modernste Technik, die nicht mit bequemen Kompensationsgeschäften erhältlich ist, sondern nur mit Westdevisen. Andererseits haben die Russen nicht mehr das Getreide übrig, das sie einst den Satelliten lieferten, Erz, Öl und sonstige Rohstoffe können vorteilhafter im Westen verkauft werden, gegen die kostbaren Devisen, die man für den Import von westlicher Technik braucht. So gesehen bedeuten die auf Kompensationsbasis abgewickelten Tauschbeziehungen mit den Satelliten für Rußland ein Verlustgeschäft. Man kann bei diesen Kompensationen nicht einmal mit den Preisen so schnell nachziehen, wie es in letzter Zeit häufig die Entwicklung der Weltmarktnotierungen erforderte. Obwohl die Satelliten über die Verteuerung des russischen Öls ächzen, bekommen sie dieses immer noch billiger, als im Westen. Die 86 Millionen Tonnen Öl, die 1978 die Sowjetunion an Voll- und Halbsatelliten lieferte, hätten ihr, im Westen verkauft, an die sieben Milliarden Dollar bare Devisen bringen können. 1979 könnten es infolge der gestiegenen Weltmarktpreise des Öls mehr als 10 Milliarden sein. Da aber die alten Herren im Kreml auf westliche Satelliten nicht verzichten können, ohne die Dogmen des Marxismus-Leninismus unglaubwürdig zu machen, borgte man lieber die Summen, die sie kosten, am Euromarkt zu hohen Zinsen. Überließe man die Satelliten sich selbst, verlöre man wohl das Glacis, das sie im Falle einer Konflagration mit dem Westen bilden. Aber dieses Glacis verliert an Bedeutung, seit dem die Wahrscheinlichkeit einer Konflagration im Osten größer wird, als einer solchen im Westen. Man darf voraussetzen, daß im russischen Generalstab eine naheliegende Variante ventiliert wird, die da lautet: den Westen überrollen, damit der Rücken frei ist, sobald China aufgerüstet haben wird. Nicht auf einmal überrollen, sondern sozusagen »auf Raten«, damit sich Washington an die ihm auferlegten Ohnmachtsproben gewöhnen kann. Als erste Rate nach Titos Tod Jugoslawien, dann Italien, schließlich Frankreich. Der Rest von Europa wäre dann zerniert und hilflos.

Ohne Zweifel entspräche dieses Konzept den imperialistischen Interessen Moskaus ausgezeichnet. Ihm steht allerdings die Überlegung entgegen, wie man die Europäer ernähren soll, wenn sich die Sowjetunion nicht einmal selbst ernähren kann. Sollten die Amerikaner, unter dem Vorwand, die russischen Armeen zu bekämpfen, europäische Städte atomar ausradieren, würde dies die Zahl der Esser vermindern und das Ernährungsproblem etwas entschärfen. Reagierten aber die Amerikaner nicht atomar, sondern mit der ganz unblutigen Sperre der Getreidezufuhren über den Altantik, würde die Lage der Russen von Jahr zu Jahr unhaltbarer, auch für den Fall, daß sie darauf verzichteten, in den kontrollierten Gebieten die Landwirtschaft zu sozialisieren und damit ihre Produktivität zu vermindern. Menschen wollen nun einmal satt werden und wenn sie dies nicht können, werden sie rabiat. Statt im Westen den Rücken frei zu haben, müßten sich die Eroberer mit einer Eskalation des Kampfes gegen Sabotage auseinandersetzen und dabei selbst mit einer Infiltration des Widerstandes in ihre eigenen unzureichend ernährten Reihen rechnen. Das würde das militärische Potential dem Osten gegenüber entscheidend schwächen. In das Konzept »zuerst im Westen den Rücken frei« ist ein Bumerang eingebaut.

Dem Postulat »im Westen den Rücken frei« entspräche allein, die westlichen Satelliten in die Freiheit zu entlassen, ihnen jene Wirtschaftsverfassung zu erlauben, die sie sich wünschen, die die Produktivität lähmende Zentralverwaltungswirtschaft über Bord wirft und die Entfaltung der privaten Initiative im Markt ermöglicht. Für die alten Herren im Politbüro des Kreml ist freilich dieses Konzept unerträglich. Denn es bedeutete eine Bankrotterklärung der allein selig machenden Lehre des Marxismus-Leninismus. Mit welcher Empörung würde der greise Suslow den Häretiker brandmarken, der es wagte, so eine Idee überhaupt nur zu diskutieren! Gewiß müßte mit einer Demokratisierung der westlichen Satelliten das Warschauer Paktsystem nicht unbedingt auseinanderfallen. Es bedeutet für Polen und die Tschechoslowakei einen Rückhalt gegenüber dem »deutschen Revanchismus«, mit dessen Erstarken auch frei gewählte Regierungen in Prag und Warschau rechnen würden. Denn der für deutsche Ohren so absurd klingende Begriff »Revanchismus« erscheint anderen Ohren durchaus plausibel. Daß jemand nicht den heißen Wunsch hätte, sich für eine Niederlage zu rächen, halten im Osten die Menschen für völlig unglaubwürdig, da sie fremdes Verhalten nach dem beurteilen, was sie selbst in einem analogen Fall täten. Daß es einen deutschen Heroismus längst nicht mehr gibt, wissen sie nicht, zumal sie jahr-

zehntelang mit dem Slogan »Revanchismus« berieselt wurden. Dieser Slogan ist für die Politik des Kreml gegenüber den eigenen Massen und den westlichen Satelliten unentbehrlich.
Im Kreml weiß man aber zweifellos auf Grund der Geheimdienstberichte, daß es einen deutschen Revanchismus praktisch nicht gibt, von ein paar jugendlichen Narren abgesehen. Man weiß auch, daß keine westliche Regierung imstande ist, eine bewaffnete Aktion im Osten ohne Zustimmung der Parlamente zu unternehmen und daß diese Zustimmung nur im Verteidigungsfall möglich wäre. Die so kostspielige militärische Präsenz der Russen in den westlichen Ländern richtet sich keineswegs gegen einen möglichen westlichen Angriff, den man auch im Kreml für ausgeschlossen halten muß. Einerseits dient sie dazu, die Satelliten im Zaum zu halten, andererseits bedeutet sie ein politisch fruktifizierbares Droh-Potential. Es bietet die Möglichkeit, dem Westen je nach Bedarf Ohnmachtsproben aufzuzwingen, die sich an anderer Stelle bezahlt machen können. Würde der Westen Kredite so bereitwillig prolongieren, müßte er nicht Angst vor dem Zorn des Schuldners haben? Das Auffüllen der industriellen Rüstungslücken aus eigener Kraft würde bei den beschränkten Devisenerlösen im Export Jahrzehnte erfordern. In dieser Zeit könnte China einen großen Teil seines Industrialisierungsrückstandes aufgeholt haben. Die Chancen, die Breschnew-Doktrin in Peking zu demonstrieren, wären viel kleiner, das Risiko eines Fehlschlages wäre viel größer geworden.

Man könnte eine gewisse Verkürzung dieser Zeit durch im Westen aufgenommene Anleihen erzielen. Es ist aber seit Afghanistan unmöglich, die mißtrauischen westlichen Kapitalmärkte mit jener Flut russischer Obligationen zu überschütten, die zur Finanzierung eines Mindestmaßes an industrieller Aufrüstung erforderlich wären. Kapital wird im Westen, als Folge der von der Inflation gelähmten Geldkapitalbildung, auf absehbare Zeit knapp und teuer bleiben.

Lange Zeit rechneten die Russen wohl mit der Abstützung auf das japanische Industriepotential.

Japan kann aber nicht bei der Finanzierung der industriellen Aufrüstung der Sowjetunion die Rücksicht auf Peking aus den Augen verlieren. Die erste, Moskau geliehene Dollarmilliarde hatte wohl nur den Sinn, Peking auf das japanische venezianische Potential nachdrücklich aufmerksam zu machen. Aus chinesischer Sicht wurde der Bündniswert Japans durch diese Transaktion alarmierend aufgewertet. Peking war gezwungen, einen Preis dafür zu zahlen, daß dieser ersten Transaktion (die im wesentlichen der Finanzierung der für die Russen strategisch wichtigen Öl-Pipeline quer durch Sibirien an den Pazifik dient) keine weiteren folgten.

Der naheliegende Preis war die Bereitschaft, die japanische Industrie an der industriellen Aufrüstung Chinas zu beteiligen. Damit gewänne Japan, das durch die wachsenden Schwierigkeiten seines Exports im westlichen Bereich um die Auslastung seiner riesigen industriellen Kapazitäten besorgt sein muß, eine Art Vollbeschäftigungsgarantie. Es sind in China – also in einer für Japan frachtgünstigen Lage – noch so gewaltige Rohstoffvorkommen zu erschließen, daß um die Bezahlung keine Sorge zu bestehen braucht. Nur eine mittelfristige kreditmäßige Überbrükkung japanischer Lieferungen bis zu entsprechenden chinesischen Gegenlieferungen ist erforderlich.

Ob eine Notenbank, statt für flüssige Dollar langfristige Schuldverschreibungen des amerikanischen Schatzamtes zu kaufen, ebensolche Schuldverschreibungen eines östlichen Schatzamtes erwirbt, ist prinzipiell gar nicht so erheblich. In beiden Fällen handelt es sich um einen Verstoß gegen die guten Sitten des Notenbankverhaltens, die vorschreiben, daß Währungsreserven nur in kurzfristiger Form gehalten werden sollen.

Aber diese guten Sitten wurden bereits verletzt, als sich die Bundesbank entschloß (angeblich der besseren Verzinsung halber), einen Teil der in amerikanischen Geldmarktpapieren gehaltenen Beträge in langfristiges Papier umzuwandeln.

Mit einem Dollarverkauf in größerem Umfang im Markt hätte sich in den Jahren bis 1979 eine Notenbank ins eigene Fleisch geschnitten. Sie entwertete damit den Rest ihrer Dollarguthaben. Unter solchen Umständen war es auch zu entschuldigen, daß die Bundesbank sittenwidrig mit ihren Devisenbeständen langfristige amerikanische Staatsschuldverschreibungen erwarb. Ebenso entschuldbar wäre es, Dollarmilliarden langfristig der russischen oder chinesischen Regierung zu leihen. Es ist nur eine Frage der politischen Gegenleistung, ob man dies tut oder nicht.

Währungstechnisch wird damit allerdings eine Verringerung des Dollarüberflusses nicht erzielt. Die Moskau geliehene Dollarmilliarde wird schnell wieder für den Ankauf westlicher Waren umgesetzt. Damit entstehen in den Kassen der nichtamerikanischen Lieferfirmen Dollarguthaben, die an den Devisenmärkten gegen heimische Währung verkauft werden. Die Angebotsspitzen an den Devisenmärkten muß aber irgendeine Notenbank wieder aufnehmen, wenn sie ihre eigene Währung nicht dem Dollar gegenüber steil aufwärts floaten – also im Kurs steigen – lassen will. Das Floaten und sein Wertverlust beeinträchtigten nicht die Bedeutung des Dollar als Verrechnungseinheit für Geschäfte in der ganzen Welt. Wenn jemand in London D-Mark gegen Yen verkaufen will, wird der Kurs über die letzte Dollarnotierung des Yen in Frankfurt und der D-Mark in Tokio ermittelt. Für die Devisenhändler ist die vom Weltwährungsfonds aus dem jeweiligen Kursdurchschnitt der wichtigsten Währungen gebildete Verrechnungseinheit »Sonderziehungsrechte« (SZR) genannt, völlig uninteressant. Sie werden weiterhin in Dollar rechnen, mag er auch einmal teurer, einmal billig gegenüber harten Währungen sein. Beim schnellen Umsatz können Kursfluktuationen kein Risiko bedeuten. Gold ist internationales Hortungsgeld, der Dollar internationales Verrechnungsgeld. Daher braucht die Notenbank eines Landes gewisse Dollarguthaben zum Saldenausgleich im zwischenstaatlichen Zahlungsverkehr.

Insoweit trifft bei den Dollarguthaben die Bezeichnung »Währungsreserven« zu. Irreführend ist diese Bezeichnung für jene Dollarguthaben, die weit über auch im ungünstigsten Fall für den Saldenausgleich erforderliche Summen hinausgehen. Die deutsche Bundesbank verfügt über Dollarguthaben, die in letzter Zeit 40 Milliarden Dollar beträchtlich übersteigen und dazu über einen Goldbesitz von 95 Millionen Unzen, dessen Marktwert zwischen 50 und 60 Milliarden Dollar – je nach den Schwankungen des Londoner Goldpreises – anzunehmen ist. Da im Verlauf der Dollarkrise viele Menschen DM-Anlagen vorzogen, waren die deutschen Banken Mitte 1979 rund sieben Milliarden Dollar mehr Ausländern schuldig, als sie selbst bei Ausländern gut hatten. Als Gegenposition für diese Summe war eine Liquiditätsreserve der Notenbank erforderlich. Das zeigte sich im Frühjahr 1980, als Washington mit extrem hohen Zinsen fluktuierendes Kapital zurück in den Dollar lockte. Man sah, daß die Bundesregierung die Passivierung der Zahlungsbilanz unbeachtet ließ, folgerte, daß letztere auf die Dauer die D-Mark aufweichen müsse, daß daher keine DM-Aufwertung mehr aktuell werden könne, sondern eher eine Abwertung. Folgerichtig zog man seine DM-Guthaben von deutschen Banken ab. Deutsche Manager schlossen sich an und brachten viele DM-Termingelder in Dollar auf den Euromarkt. Der von diesen Transaktionen ausgehende Druck auf die DM ließ ihren Kurs in wenigen Monaten um 10 Prozent absinken. In der selben Zeit verlor die Bundesbank den Gegenwert von 10 Milliarden DM aus ihren Dollarbeständen an den Markt, um diesen nicht in eine allzu wilde Baisse ausufern zu lassen. Das venezianische

Potential der Bundesrepublik erfuhr eine Schwächung, ja bei längerem Anhalten der Passivität der Zahlungsbilanz droht es überhaupt ausgelöscht zu werden.
Unwissentlich betrieb die Bundesregierung eine Politik der Selbstverstümmelung ihrer internationalen Geltung, die weitgehend von der Härte der D-Mark abhängig war. Die zahlungsbilanzschwachen Länder der ganzen Welt hüteten sich, es sich mit der Bundesregierung zu verderben, da sie nicht wissen konnten, ob und wann sie ihre finanzielle Hilfe benötigen würden. Das hat sich seit 1980 grundlegend geändert, seit dem man sah, daß die Bundesregierung in Saudi-Arabien einen Fünf-Milliarden-Kredit aufnahm und damit anscheinend selbst in die Reihe der Hilfsbedürftigen übergewechselt war.
Zwei kardinale Fehler beging die Bundesregierung. Zunächst hätte man Anfang der siebziger Jahre sagen müssen: »Bitte, hier liegen 30 Milliarden DM bereit, als beliebig langfristiger Kredit zu billigen Zinsen, Ihr könnt darüber verfügen, wie Ihr wollt – aber wir brauchen eine politische Gegenleistung. Auf die Frage, welche Gegenleistung, hätte die Antwort lauten müssen: freie Wahlen in der DDR. Die Russen wären über diese Unverfrorenheit perplex gewesen und sie hätten das Geschäft entrüstet abgelehnt, weil sie noch nicht wissen konnten, wie lästig ihnen die Bittgänge der westlichen Satelliten um Öl und Getreide werden würden. Daraufhin hätte die deutsche Seite freundlich aber kühl erklären müssen, sie sähe sich so außerstande, Bundesbürgschaften für deutsche Exporte zu geben, deren Wert die Einfuhr russischer Waren übertref-

fe, deren Bezahlung daher zweifelhaft sei. Darauf hätten die Russen doch gewisse politische Konzessionen machen müssen, wenn sie modernste westliche Technologie dringend brauchten. Heute ist uns der Ostblock die 30 Milliarden DM, die vor acht Jahren auf dem Verhandlungstisch eine so wichtige Rolle spielen hätten können, schuldig, ohne geringste Hoffnung auf Bezahlung. Es handelt sich um 13 Milliarden DM Bankschulden und 17 Milliarden bundesverbürgte Lieferantenkredite. Jahr um Jahr wurde mehr an deutschen Waren bezogen, als durch Gegenlieferungen gedeckt war, da diese Bezüge Bundesbürgschaft erhielten, ohne Rücksicht auf fehlende politische Gegenleistungen. Vor letzteren konnte sich der Osten mit Erfolg drücken, weil sich die Verschuldung Jahr um Jahr mit kleineren Beträgen aufstockte.
Statt der 30 Milliarden DM hätten 1972 auch 20 Milliarden Dollar auf dem Verhandlungstisch liegen können, denn wenn es so wie bisher weitergeht, wird uns der Ostblock bald diese Summe in DM schuldig sein, nach wie vor ohne Aussicht auf politische Gegenleistung. Statt geballte finanzielle Kraft einzusetzen, wurde diese verzettelt im Namen der Entspannungspolitik als Vorleistung. Die Dollar gehörten freilich damals noch der Bundesbank als überschüssige Devisenreserve. In Wirklichkeit gehörten sie dem Gemeinwesen, dessen Mitglieder nicht so stark wie die Bürger anderer Länder über ihre Verhältnisse lebten. Fleiß und Tüchtigkeit der Bundesbürger erbrachten in der Zahlungsbilanz der laufenden Posten eines viertel Jahrhunderts die Überschüsse, die sich zu treuen Händen

der Bundesbank ansammelten. Wer mit ihnen etwas begann, mußte dies als gemeinnützig rechtfertigen können. Wären freie Wahlen in der DDR zu erkaufen gewesen, hätte über die Gemeinnützigkeit des Einsatzes kein Zweifel entstehen können. Die Verzettelung dieser Summe im Laufe der letzten Jahre ist hingegen nicht durch Gemeinnützigkeit zu rechtfertigen.

Das Gebot der Gemeinnützigkeit verlangt eine Gegenleistung für das Gemeinwohl. Der Kauf deutscher Fabrikate mittels Kredit fällig ad calendas graecas, ist keine Gegenleistung. Einfacher wäre es, die betreffenden Waren zu bezahlen und im Inland zu belassen, der Arbeitsbeschaffungseffekt wäre derselbe und der finanzielle Effekt auch. Vergeblich wird man auch die nicht rückzahlbaren Entwicklungskredite an die dritte Welt nach solchen durchstöbern, die politischen Nutzen gebracht hatten. Die Kreditnehmer fühlen sich nicht einmal zur Dankbarkeit verpflichtet, ja sie kaufen mitunter mit dem Geld Ostblockwaffen, um mit ihnen Unruhe zu stiften. Die Kredite an die Ostblockländer haben deren politische Haltung gegenüber deutschen Interessen nicht um ein Jota beeinflußt. Nach der Bundesbankstatistik stiegen die Forderungen deutscher Geschäftsbanken an Ostblockländer, die in den sechziger Jahren noch unbedeutende Summen erreicht hatten, 1975 netto (nach Abzug der Guthaben) auf acht Milliarden und Ende 1979 weiter auf dreizehn Milliarden DM. Man müßte schon zufrieden sein, würden sie weiterhin nur um Zinsen und Zinseszinsen wachsen. Denn der Überschuß der Leistungsbilanz mit dem Osten hat sich zwar seit 1975 verkleinert, er ist aber immer noch so groß, daß er mit erheblicher Neuverschuldung gedeckt werden muß, wenn nicht gegenüber deutschen Banken, so gegenüber den am anonymen Euromarkt tätigen Instituten, die zum Teil Töchter deutscher Banken sind und in der Kreditstatistik fehlen. Nach der Zahlungsbilanzstatistik der Bundesbank entwickelten sich die Leistungsbilanzsalden gegenüber dem Ostblock wie folgt (Milliarden DM):

| | Alle Staats-handelsländer | darunter Sowjetunion |
|---|---|---|
| 1973 | 3,8 | 1,1 |
| 1974 | 7,0 | 1,1 |
| 1975 | 8,7 | 3,9 |
| 1976 | 6,8 | 2,8 |
| 1977 | 5,5 | 2,1 |
| 1978 | 5,6 | 1,4 |
| Summe 1973/78 | 37,4 | 12,4 |

Die Banken trösten sich mit dem abnehmenden Trend des russischen Passivsaldos. Damit ist es aber keineswegs getan, der Saldo müßte aktiv werden, um allein die Zinsen der Schulden zu decken. Dafür besteht aber nicht die geringste Aussicht, da sich östliche Fabrikate am deutschen Markt trotz extrem billiger Preise als weitgehend unverkäuflich erwiesen haben und das Lieferpotential an Rohstoffen und Energieträgern zumindest voll ausgenützt, wenn nicht überbeansprucht ist. Unter seriösen Bankleuten wäre es selbstverständlich, die als uneinbringlich anzusehenden Guthaben in Ostblockländern intern auf den Erinnerungswert abzuschreiben. Man tut das nicht, weil man auf die eigene Regierung als Bürge und Zahler hofft. Die bereits erwähnte Fähigkeit, Kredite aus den überschüssigen Dollarbeständen (à fond perdu aber gegen politische Gegenleistung) zu gewähren, wird durch die Fähigkeit, ebenfolche DM-Kredite zu gewähren, ergänzt. Diese Variante des venezianischen Potentials der Bundesregierung wurde in den beiden letzten Jahrzehnten verzettelt. Der zweite kardinale Fehler, den die Bundesregierung zu verantworten hat, war ihre Gleichgültigkeit gegenüber der Tatsache, daß die Deutschen seit dem Frühsommer 1979 begannen, über ihre Verhältnisse zu leben. Die Zahlungsbilanz der laufenden Posten, also die Leistungsbilanz, wurde ab 2. Quartal 1979 passiv. Wir wissen aus der Erfahrung, daß ein Land bei aktiver Zahlungsbilanz sich Budgetdefizite leisten kann (Beispiel Bundesrepublik bis 1978) oder daß es sich bei einigermaßen ausgeglichenem Haushalt Zahlungsbilanzdefizite leisten kann (Beispiel USA 1973). Beide Defizite zugleich jedoch sind nach lückenloser Erfahrung mit einer Zerrüttung der Währungslage verbunden. Wo immer in den letzten 25 Jahren Währungsverschlechterungen zu beobachten waren, ob in Europa, Asien oder Mittel- und Südamerika – von Afrika gar nicht zu reden – waren immer Zahlungsbilanz und Staatshaushalt zugleich passiv. Beide Defizite zu beseitigen bedeutet Unannehmlichkeiten, die die Regierung den Bürgern beschert und die sie daher gerne vermeiden will. Hier

gilt der Erfahrungssatz, daß eine Regierung, die den Menschen kleine Unannehmlichkeiten ersparen will, unweigerlich binnen einigen Jahren gezwungen sein wird, große Unannehmlichkeiten zu wagen. Dies zeigte sich wieder einmal in den USA, wo man lange vor kleinen Unannehmlichkeiten zurückscheute, bis im März 1980 dann Maßnahmen getroffen werden mußten, die die Konjunktur niederknüppeln und eine Wirtschaftskrise mit hoher Arbeitslosigkeit hervorrufen müssen. Hätte die Bundesregierung aus dieser Erfahrung gelernt, hätte sie im Herbst für 1980 ein ausgeglichenes Budget vorbereiten müssen mit Streichung der 17 Milliarden vorgesehenen Steuererleichterungen und zugleich mit einer drastischen Erhöhung der Benzinsteuer, die sich schon aus Gründen der Kraftstoffersparnis als nützlich erwiesen hätte. Aber im Hinblick auf die bevorstehende Bundestagswahl wollte man an solche oder ähnliche Maßnahmen nicht einmal denken. So kam es dann im Frühjahr 1980 zu der Schwäche der D-Mark zur Kreditaufnahme in Saudi-Arabien und zu verstärkten Preissteigerungen: typische Erscheinungen für ein auf die schiefe Ebene geratenes Weichwährungsland. An ein in Dollarmilliarden beliebig expansionsfähiges venezianisches Potential ist für eine Reihe von Jahren nicht mehr zu denken.
1974 mußten die Planungsbehörden in Moskau wissen, welche deutsche Fabrikate sie in den Jahren 1975 bis 1978 bestellen würden und wieviel sie ungefähr kosten würden. Sie mußten auch den Umfang ihrer voraussichtlichen Gegenlieferungen kennen und daher ungefähr den Betrag,

den sie schuldig bleiben würden. Während die Futurologen des Westens sich mit Marktprognosen meist blamieren, weil in einer Marktwirtschaft dem Computer nur einige wenige aus einer sehr großen Zahl von Variablen eingegeben werden können, haben die Planwirtschaftler einen Überblick, der nur bezüglich der möglichen Prozentsätze der Plan-Nichterfüllung von der Wirklichkeit abweicht. Das heißt, die zuständigen Funktionäre hätten 1974 der Bundesregierung sagen können, sie würden für die nächsten vier Jahre zusammen 24 bis 26 Milliarden DM Kredite brauchen, davon die Sowjetunion allein um die zehn Milliarden herum.

Sie wären aber töricht gewesen, das offen zu sagen. Denn auf deutscher Seite wäre man von einer so hohen Kreditforderung erschrocken. Schließlich muß eine Bundesregierung damit rechnen, daß mit Geschenken in solchen Größenordnungen – und nicht rückzahlbare Kredite sind letztlich Geschenke – zu viel Wasser auf die Mühlen der Opposition flösse. Sie hätte sich mit politischen Gegenleistungen für solche Geschenke ausweisen müssen. Daher wurde das Ostgeschäft sozusagen »en detail« praktiziert unter Vermeidung schockierender Beträge und über die Bezahlung wurden die bekannten Illusionen serviert, die Russen werden die Produkte der mit den Krediten errichteten Fabriken im Westen verkaufen und so die Devisen zur Bedienung der Kredite verdienen. Soweit dies geschehen ist, entdeckten die betreffenden deutschen Industrien den Bumerangeffekt der Ostkredite. Nicht nur die Chemie hat es zu beklagen, daß die zu Dumpingpreisen im

Westen angebotenen Erzeugnisse der von ihr selbst errichteten östlichen Betriebe ihre eigenen Märkte ruinieren.
Wie die Kreditstatistik lehrt, wurde dem Ostblock etwas weniger geschenkt, als sich aus dem kumulierten Leistungsbilanzdefizit errechnen läßt. Die deutschen Lieferanten wurden zum Teil auch aus dem Erlös der wachsenden östlichen Verschuldung gegenüber dem Eurodollarmarkt bezahlt. Die Summe, mit der die Bundesrepublik dazu beigetragen hat, daß die Ostblockländer über ihre Verhältnisse leben und so ihrer Bevölkerung »potemkinsche Dörfer« bauen konnten, beträgt nicht, wie aus der Zahlungsbilanzstatistik hervorgeht, in den letzten sechs Jahren 37 Milliarden DM, sondern schätzungsweise 20 bis 25 Milliarden DM. Das ändert aber nichts an der Tatsache, daß eine ungeheure Summe nicht nur verzettelt, sondern auch am falschen Ort eingesetzt wurde. Die Kredite an die Satelliten brachten zwar weniger unhöfliche Umgangsformen der Schuldner gegenüber ihrem Gläubiger und gelegentlich kleine Entgegenkommen in der privaten Sphäre. Politisch mußten sie aber schon deswegen wertlos sein, weil sich die Satelliten weder außenpolitisch noch militärisch eine Abweichung vom Moskauer Konzept leisten können.
Es ist Moskau gewiß recht, wenn die Satelliten mit deutscher Hilfe über ihre Verhältnisse leben können. Das bedeutet, daß es den Menschen dort besser geht, als es ohne diese Hilfe der Fall wäre. Indirekt profitiert auch die Sowjetunion von den technischen Dingen, die die Satelliten erwerben können. Jedenfalls trugen die deutschen Kredite

ein Scherflein dazu bei, daß die Unzufriedenheit der Menschen in den Satellitenländern vermindert werden konnte. So haben die deutschen Kredite der Konsolidierung des Moskauer Imperiums unfreiwilligermaßen genützt – ohne dafür auch nur eine Geste des Entgegenkommens einzutauschen. Schenken hätte man die Dinge, die man nach Osten lieferte, auch jemandem anderen können, der sich dafür wenigstens bedankt hätte – soll schon der Arbeitsbeschaffungseffekt der Ostlieferungen ins Spiel gebracht werden. Und wenn eines Tages ein Schuldner im Osten erklären wird, er könne fällige Schulden nicht bezahlen, wird nichts anderes übrig bleiben, als mit betretener Miene in ein Moratorium einzuwilligen. Wobei nach Ablauf der Moratoriumsfrist nur ein neues Moratorium in Frage kommen kann.

Die Japaner, die geringere politische Anliegen an Moskau haben – es geht ihnen nur um die nach Kriegsende annektierten Kurileninseln – sind im Rußlandgeschäft vorsichtiger. Sie wickeln es vornehmlich auf Kompensationsbasis ab, ohne in einem ähnlichen Maße wie die Bundesrepublik in eine Gläubigerrolle hineinzuwachsen.

Japan ist langsam aber sicher aus der Rolle einer Beute der USA hinausgewachsen. Der amerikanische »Schutz« ist überflüssig, weil Nippon sich weder als Beute für die Sowjetunion noch als solche für China eignet. Weder die eine noch die andere Supermacht kann einen Brocken von 100 Millionen Menschen verdauen. Eine Komintern-Unterwanderung wäre für Moskau zu riskant, da das Ergebnis dem Maoismus zugute kommen könnte. Die Chancen des Maoismus andererseits sind angesichts des tiefen japanisch-chinesischen Ressentiments zu gering, um eine Hoffnung auf Machtergreifung zu begründen. Tokio kann völlig souverän die Rolle spielen, die ihm als Metropole des zweitgrößten Industriepotentials der kapitalistischen Welt und des drittgrößten der Erde zukommt.

Ob Bonn als Metropole des drittgrößten Industriepotentials der kapitalistischen Welt und des viertgrößten der Erde ebenfalls souverän Politik machen könnte, ist eine Frage, deren Beantwortung noch aufgeschoben werden muß. Zunächst ist festzustellen, daß keine der bisherigen Bundesregierungen eine solche Politik machen wollte. Die Bemühungen galten einem Image teutonischer Harmlosigkeit. Die Kabinette der sozial-liberalen Koalition unterschieden sich von ihren Vorgängern nur dadurch, daß sie dieses Image auch dem Osten offerierten, und damit zugleich seine Glaubwürdigkeit im Westen herabsetzten. Besorgt wegen dieser Verminderung der Glaubwürdigkeit blieb man bemüht, den »Beutewert Bundesrepublik« für die USA zu respektieren.

Eine Exportentfaltung, wie sie in der Welt relativ (keineswegs absolut) nur von den Japanern übertroffen wird, ruft freilich in der Umwelt alles andere als den Eindruck der Harmlosigkeit hervor. Es entsteht Angst vor dem kommerziell allzu erfolgreichen Teutonismus. Die Exporterfolge machten aus der harmlosen D-Mark eine Währung von so starker internationaler Anziehungskraft, daß die Bundesrepublik ein venezianisches Potential entwickelte, das dem der Schutzmacht USA weit überlegen ist. Es wird

klar, daß der Beutewert dieses Potentials für Moskau in die Augen springt.
Gewaltanwendung scheidet allerdings bei Verfolgung dieses Zieles aus, denn die Dollar der Bundesbank bestehen in Forderungen an den New Yorker Geld- und Kapitalmarkt. Auch das Gold der Bundesbank befindet sich nicht in Frankfurt, sondern in den USA. Bei einem gegen die Bundesrepublik gerichteten Gewaltakt – sei es auch ein politischer Umsturz in Bonn – würden beide Vermögenswerte von der amerikanischen Regierung beschlagnahmt werden, unter dem Vorwand, sie für ihre rechtmäßigen Besitzer aufzubewahren. Will man die Beute »Bundesrepublik« den Amerikanern entwinden, dann muß sich die Unterordnung Bonns unter russische Hegemonie bei Gewaltverzicht auf anscheinend legale Weise vollziehen. Insofern ist der Gewaltverzichtsvertrag von Moskau zweifellos ernst gemeint.
Die Bundesrepublik als Vasall des Ostblocks: nichts könnte die Wirtschaftsexperten in Moskau so erfreuen, wie dieser Aspekt. Nach der Statistik des Vereins deutsche Maschinenbauanstalten hatte 1977 die Bundesrepublik mit 24,4 Prozent den größten Anteil an den Maschinenexporten der westlichen Industrieländer, gefolgt von den USA mit 22,4 Prozent, Japan mit 9,9 Prozent und England mit 9,4 Prozent. Von den 55 Milliarden DM Exportwert der deutschen Maschinenausfuhr kaufte der Ostblock knapp 12 Prozent. Einen doppelt bis dreimal so hohen Anteil könnte er dringend brauchen. Gerade in den Sparten, die die Russen besonders interessieren, ist die deutsche Ma-

schinenindustrie führend. Ihr Anteil an der gesamten Maschinenausfuhr der westlichen Industrieländer erreichte 44 Prozent bei Holzbearbeitungsmaschinen, 42 Prozent bei Gießereimaschinen, 38 Prozent bei Bergwerksmaschinen, Kunststoffmaschinen, Hütten- und Walzwerkseinrichtungen, 37 Prozent bei Werkzeugmaschinen, 35 Prozent bei Autogeräten und Baustoffmaschinen, um nur die wichtigsten Zweige zu nennen.

Die östlichen Maschinenerzeugnisse haben sich im Westen trotz intensivster Bemühungen der für den Export zuständigen Stellen als schwer verkäuflich erwiesen. Nur rund vier Prozent der Maschinenimporte der westlichen Welt deckte der Ostblock. Hingegen wickelten die Comecon-Länder 79 Prozent ihres Maschinenaußenhandels untereinander ab. Es handelt sich um Maschinen traditioneller Bauart, keineswegs um solche, die für Innovationen in Betracht kommen. Denn die Zentralverwaltungswirtschaft läßt in den Betrieben keine Entwicklung eines wohl vorhandenen heuristischen Potentials zu.

Es fehlt der Ansporn des Marktes, der die Unternehmungen unter dem Zwang hält, entweder neue Einfälle zu haben oder zugrunde zu gehen. Der Bürokratie der Zentralverwaltungswirtschaft sind neue Einfälle unbequem, sie stören die Ruhe der Funktionäre. Dieses Ruhebedürfnis verlangt, es möge alles im bisherigen Trott weitergehen. Ein paar kleine Verbesserungsvorschläge der Techniker genügen, um sich mit Innovationen ausweisen zu können. Zumal diese bei den oberen Instanzen ohnedies nur selten wohlwollende Förderung erfahren. Solange die Ideologie dominiert, muß es Zentralverwaltungswirtschaft geben und solange es diese gibt, muß der Osten technisch rückständig bleiben. Solange dieser Rückstand besteht, kann Moskau nicht hoffen, in der dritten Welt als Entwicklungshelfer geschätzt zu werden oder als Partner für den Tauschhandel. Wer Öl, Aluminium, Phosphate, Agrarprodukte und andere Welthandelswaren abzugeben hat, kann sie gegen Dollar verkaufen und mit diesen Dollar neueste Technik erwerben. Kompensationsgeschäfte mit dem Ostblock kommen für ihn nicht in Frage. Das bedeutet, daß die Versorgungslücken des Ostblocks nur mit Dollar geschlossen werden können. Diese Versorgungslücken können allein aus Gründen des Bevölkerungswachstums nur größer werden. Der Wunsch, technisch mit dem Westen konkurrenzfähig zu werden, ist daher vordringlich.

Der Export von Ideologie zwecks Erweiterung der Machtsphäre leidet entscheidend unter dem naheliegenden Vorwurf, daß der Marxismus-Leninismus doch keine gute Sache sein könne, wenn er in einem halben Jahrhundert seiner Existenz keine Fabrikate entwickelt habe, die einen Vergleich mit denjenigen des Kapitalismus nicht zu scheuen brauchen. Wer an das Dogma von der Weltrevolution unter russischer Führung glaubt, kann sich nicht mit dem Gedanken begnügen, die russische Rüstung sei die stärkste der Welt. Eine Revolution braucht nicht nur Funktionäre, sondern auch Gefolgsleute, die davon überzeugt werden, daß es ihnen unter dem sowjetischen System besser gehen werde, als bisher. Diese Überzeugung

kann durch handgreifliche Argumente immer weniger gestützt werden.
Die Ideologie kann man nicht preisgeben, weil man damit das die Macht innerpolitisch und außenpolitisch tragende Instrument wegwürfe. An ihre Ideologie angebunden, werden sie die hohen Funktionäre zwar heimlich belächeln, weil sie die Diskrepanz zwischen Wirklichkeit und Verheißung kaum noch übersehen können. Um so willkommener muß ihnen jede Möglichkeit sein, die Diskrepanz mit Hilfe eines Tricks zu verringern. Der einzige in dieser Richtung erfolgversprechende Trick ist die Kooperation mit dem größten Maschinenexporteur der freien Welt, der Bundesrepublik. Da man aber eine solche Kooperation nicht mit Geld bezahlen kann, weil man solches weder jetzt noch künftig besitzen wird, braucht man die Bundesrepublik als Vasall.
Der Ostblock kann die Deckung seines Nachholbedarfs bei der industriellen Aufrüstung nicht ohne eines der drei großen westlichen Industriepotentiale sicherstellen: die USA, Japan und die Bundesrepublik. Die Kapazitäten der kleineren reichen nur zur Komplettierung des Bedarfs. Die Amerikaner haben die ursprüngliche Zurückhaltung bei diesem Geschäft längst abgelegt. Erst seit dem auf die Okkupation Afghanistans folgenden Embargo sind sie zum Verzicht auf diese Geschäfte gezwungen. Freilich wollen sie nicht allein die Russen beliefern, sondern zugleich auch die Chinesen, und sie hoffen, der lachende Dritte zu sein, wenn beide Rivalen einmal industriell soweit gestärkt sind, daß sie den Kampf um die Hegemonie

in der roten Welt beginnen können. Japan wird sich, wie erwähnt, mit Rücksicht auf China im russischen Geschäft nicht allzu stark engagieren. Die Bundesrepublik aber wird nach dem derzeitigen, wohl bald vorübergehenden Exportboom für ihre Maschinenindustrie und ihr »engeneering« Ostaufträge bitter nötig haben. Auch wäre es durchaus vorstellbar, daß man einen kompletten Betrieb des VW-Werkes, der infolge des stockenden Amerikageschäftes nicht beschäftigt werden kann, abmontiert und an der Wolga wieder aufbaut. Die Russen könnten ihn bestimmt gebrauchen. Es handelt sich nur um die Frage der Bezahlung.

Kredite, die ein Ohnmächtiger dem Mächtigen gewährte, sind nur selten zurückgezahlt worden. Die mildere Umschreibung »Kredit« wird angewendet, weil man nicht »Tribut« oder »Geschenk« sagen will. Auch die Dollar, die die Bundesbank hat, sind ein nicht rückzahlbarer Kredit, solange der Gläubiger ein ohnmächtiger Deutscher ist. Verfügen die Russen einmal über einige Dollarmilliarden, dann können sie mit dem teilweisen Verkauf dieser Dollar gegen D-Mark den Kurs des Dollars drücken und den der D-Mark heben. So würden sie die Exportschwierigkeiten der Bundesrepublik in westlicher Richtung infolge zu hoher Preise vergrößern, weshalb die deutsche Industrie noch viel stärker auf russische Bestellungen angewiesen wäre. Die Russen schneiden sich, indem sie die Kosten der deutschen Industrie steigern, nur scheinbar ins eigene Fleisch. Denn die höheren Preise, die sie dann für deutsche Maschinen zahlen müßten, zahlen sie nicht effektiv mit ei-

genen Gütern und Dienstleistungen, sondern mit einem nicht rückzahlbaren Kredit, also mit erbeutetem Geld.
Wie würde das Konzept aussehen, das ein kluger Finanzexperte für seine Chefs im Kreml anfertigte? Der Experte würde mit einer Inventur der Lage beginnen. Indem die Bundesbank die ganzen Jahre des Vietnamkrieges hindurch Dollarguthaben aufstapelte, trug sie eine Hauptlast der Finanzierung dieses Krieges zugunsten der Amerikaner. Ohne diese Hilfe hätte sich die amerikanische Regierung viel stärker zu Lasten des eigenen Sozialprodukts finanzieren müssen. Das hätte die Bevölkerung gespürt und ihre Kriegsmüdigkeit wäre viel früher in Erscheinung getreten. Das Ziel der russischen Politik, die Amerikaner in Vietnam zu schwächen und als Weltpolizist unmöglich zu machen, wäre schneller und mit einem geringeren Aufwand an Materialhilfe zu erreichen gewesen, hätten sich die Deutschen nicht wie getreue Vasallen verhalten.
Vietnam ist kaum die letzte Möglichkeit der Russen, die Amerikaner zu schwächen. Sobald sich wieder eine solche ergibt, wird es von Vorteil sein, wenn bis dahin die Bundesrepublik nicht mehr unter amerikanischem, sondern unter russischem Einfluß steht. Auch im Hinblick auf das weltpolitische Gewicht des Ostblocks muß seine industrielle Unterlegenheit beseitigt werden. Kann das Industriepotential der Bundesrepublik dem des Ostblocks hinzugerechnet werden, ist dieses Ziel erreicht. Wie dies erreicht werden kann, ist keine Frage, die der Finanzexperte zu beantworten hat. Sie muß dem politischen Konzept überlassen bleiben. Ein finanzielles Konzept hat von der

Voraussetzung auszugehen, daß das politische Ziel bereits erreicht ist; das heißt, daß die Deutschen nicht das tun, was die Amerikaner wollen, sondern das, was die Russen wollen.

Das russische Interesse verlangt, daß die Sowjetunion in möglichst kurzer Zeit möglichst viel jener industrieller Ausrüstungsgüter erhält, die ihr bisher fehlen und zwar, ohne den Gürtel enger schnallen zu müssen, das heißt, ohne im Austausch Ergebnisse des eigenen Sozialprodukts hingeben zu müssen. Zur Wahrung dieses Interesses ist es notwendig, daß die Marktmacht der Sowjetunion als Käufer größer wird. Sind die westlichen Hersteller der gewünschten Ausrüstungsgüter voll beschäftigt, dann ist die Marktmacht der Sowjetunion als Käufer gering. Sie muß lange Lieferfristen in Kauf nehmen. Im Interesse der Sowjetunion liegt daher eine Wirtschaftskrise der westlichen Welt, die Kapazitäten bei den Herstellern von Ausrüstungsgütern freisetzt.

Mit der Verfügungsgewalt über einige flüssige Dollarmilliarden, wie sie bei der Deutschen Bundesbank vorhanden sind, ist nicht nur das Problem der Bezahlung der zusätzlich benötigten Ausrüstungsgüter gelöst. Man kann mit diesen Summen auch die Weltwährungskrise verschärfen und zugleich die Kaufkraft der eigenen russischen Goldreserven stark erhöhen.

Der Experte wird weiterhin zu der Ansicht kommen, daß die Festigkeit des Dollar, wie sie im Frühjahr zur Umkehr der internationalen Zahlungsströme führte, vorübergehend ist. Die riesige liquide Auslandsverschuldung der

USA müßte durch Zahlungsbilanzüberschüsse verringert werden – das wäre eine echte Wende für die Position des Dollar. Die statistisch knapp ausgeglichene Zahlungsbilanz für 1979 genügt nicht. Sie wird möglicherweise schon 1980 infolge der Ölverteuerung abermals in die roten Zahlen geraten. Zudem kommt, daß die Statistik der Zahlungsbilanz (immer als Leistungsbilanz verstanden, ohne Kapitalbilanz) wahrscheinlich unvollständig ist, denn der Zuwachs der liquiden Auslandsverschuldung, der den Zahlungsbilanzsaldo widerspiegeln müßte, war bisher meist wesentlich größer, als der statistisch ausgewiesene Saldo. Die Auslandsverschuldung muß aber 1979 weiter gewachsen sein, sonst wären die für sie einst regelmäßig publizierten Daten nicht in neuerer Zeit unterdrückt worden. In Wirklichkeit war die Festigkeit des Dollar nur eine Reaktion auf die Schwäche seines Rivalen, der D-Mark. Sollte die deutsche Zahlungsbilanz aus den roten Zahlen herausfinden – was theoretisch 1981 der Fall sein könnte – dann würde eine abermalige Umkehr der internationalen Zahlungsströme einen neuen Schwächeanfall des Dollar bewirken. Ein solcher entspräche genau den russischen Interessen, weil mit ihm eine neue Goldhausse käme, die bewirkte, daß für jede Tonne sibirischen Goldes mehr Tonnen Getreide eingetauscht werden könnten, als vordem.

Mit weniger als hundert Millionen Dollar ist eine fulminante Goldhausse zu starten. Käufe für einige zehn Millionen auf dem Londoner Markt genügen, um das Heer der Mitläufer in Bewegung zu setzen, deren Nachfrage den Preis emportreibt. Ein großer Teil der von den Mitläufern erworbenen Mengen geht in die Horte und bleibt auf lange Sicht dem Markt fern. Nur der Rest, die spekulativen Engagements, müssen gelegentlich durch Stützungskäufe abgefangen werden, um den Markt nachhaltig in Haussestimmungen zu halten.

Eine zusätzliche Verschärfung der Dollarkrise ist möglich, wenn man mit den von der Bundesbank erworbenen Dollar im Markt D-Mark kauft. Der verschärfte Angebotsdruck auf den Dollar macht die Öl-Länder nervös. Sie werden sich weigern, wie bisher in Dollar mit den internationalen Konzernen abzuschließen und Dollar für Bezahlung der Konzessionsgebühren anzunehmen. Sie werden Gold oder harte Währung verlangen. Die Ölversorgung der USA könnte so gestört werden. Diese müßten zur Bezahlung ihrer Ölimporte entweder die Goldreserven angreifen oder Kredite in harter Währung aufnehmen, die die Öl-Länder als vollwertiges Zahlungsmittel ansehen.

Der Verkauf von Dollar gegen Gold oder irgendeine Währung vollzieht sich so, daß kurz- oder mittelfristige Anlagen auf dem New Yorker Geldmarkt in Sichtguthaben bei Banken verwandelt werden. Für solche Sichtguthaben müssen die New Yorker Banken relativ hohe Liquiditätsreserven halten. Sie können daher dem Markt nicht die volle Liquidität zur Verfügung stellen, die ihm durch den Verkauf der Geldmarktpapiere entzogen wurde. Die Folge muß eine fühlbare Geldverknappung auf dem New Yorker Markt sein, mit steigenden Zinsen. Diese Wirkung läßt sich dosieren, je nachdem, ob man hundert, fünfhundert oder fünftausend Dollarmillionen auf den Devisenmärkten der Welt verkauft. Sorgfältig getarnt hinter privaten Bankfirmen kann man durch plötzliche Verstärkung oder Verringerung der Dosis Verwirrung stiften und die Märkte in eine Nervosität hineinsteigern, die nicht ohne schwerwiegende Folgen auf die Wirtschaftslage bleiben kann.

Verkauft man Dollar gegen D-Mark, wird ihr Kurs steigen, so daß sich die Regierungen der Hartwährungsländer aus dem gemeinsamen Block mit der D-Mark werden lösen müssen, weil die Gefahr für die Wettbewerbsfähigkeit bei steigenden Währungskursen zu groß wird. Die durch ihre teuere D-Mark im Export nach dem Westen gehemmte deutsche Industrie wird über mehr freie Kapazitäten verfügen, sie wird mehr und schneller in den Osten liefern können.

Gemäß diesem Konzept sich zu verhalten, erfordert freilich von dem die Operation leitenden Stab ein außerordentliches Geschick. Es muß aber nicht größer sein, als das eines guten westlichen Bank-Managers. Mit einer Verfügungsgewalt über eine Summe von fünf bis zehn Milliarden Dollar, die nicht zurückgezahlt werden brauchen, sind diese Wirkungen glatt herbeizuführen.

Dieselben Wirkungen könnte freilich die Deutsche Bundesbank selbst mit den bei ihr liegenden Dollarmilliarden erzielen. Sie tut dies nicht, weil die Wirkungen nicht im deutschen Interesse liegen und weil sie auch Wirkungen, die im deutschen Interesse lägen, nicht erzielen darf.

7. KAPITEL

# Das politische Konzept

Der finanzielle Experte des Kreml würde gewiß nicht die von uns gebrauchten Formulierungen wählen. Als ein im Leninismus wohlerzogener Mann würde er dasselbe, was wir nüchtern ausgedrückt haben, im gewählten Polit-Chinesisch sagen. Noch viel mehr würde der außenpolitische Experte seine Darlegungen mit Lenin-Zitaten, mit Hinweisen auf das Wohl der internationalen Arbeiterklasse und ihre Befreiung vom kapitalistischen Joch schmücken. Der Kürze wegen wollen wir auf diese Metaphern verzichten und nur die Logik eines Konzepts herausarbeiten, das dem Interesse der Mächtigen des Moskauer Politbüros am besten entspricht.

Auch dem politischen Experten wird zunächst eine Inventur der Lage zweckmäßig erscheinen. die herrschende Klasse der Amerikaner, so wäre einleitend festzustellen, ist noch nicht so weit degeneriert, daß sie ihre Spitzenstellung als größte Industriemacht der Welt kampflos aufgeben würde. Die eindrucksvolle Niederlage McGoverns als Präsidentschaftskandidat gegen Nixon bewies die bisher noch geringe Empfänglichkeit der Massen für sozialistische Leitbilder. Der Übergang vom Kapitalismus zum Sozialismus wird sich in den USA später vollziehen als in irgendeinem anderen westlichen Land. Die herrschende

Klasse wird sich auf absehbare Zeit noch von ernsthafter innerer Bedrohung frei fühlen, und sie wird ihre Aufmerksamkeit auf äußere Bedrohungen richten. Als äußere Bedrohung wird sie Übergangserscheinungen vom Kapitalismus zum Sozialismus in irgendeinem Lande ihres bisherigen Einflußbereichs empfinden. Dies geht aus der Nixon-Doktrin hervor.

Da solche Übergangserscheinungen (nach marxistisch-leninistischer Lehre) unvermeidlich sind, und da die Russen nicht gleichgültig bleiben können, wenn die Arbeiterklasse eines Landes das kapitalistische Joch abschütteln will, sind auch weitere Zusammenstöße zwischen der Sowjetunion und den USA nach dem Muster von Vietnam unvermeidlich. Trotz aller temporärer Entspannung bleibt die Sowjetunion für die USA der äußere Feind Nr. 1.

Unter diesem Gesichtspunkt wird die herrschende Klasse der USA das atomare Risiko nicht scheuen, wenn es für sie keine andere Möglichkeit gibt, ein Abgleiten in dauernde Unterlegenheit gegenüber dem Feind Nr. 1 zu verhindern. Einen langwierigen Krieg müssen die USA vermeiden, weil sie von ihren Ölzufuhren abgeschnitten werden könnten. Auch diese Überlegung spricht dafür, das atomare Risiko in Kauf zu nehmen, wenn es nicht anders geht. Ein Verlust der Überlegenheit wäre im Falle einer Vereinigung des bundesdeutschen Industriepotentials mit dem des COMECON gegeben. Gesetzt den Fall, die revolutionären Kräfte in der Bundesrepublik wären stark genug für eine Machtprobe mit der herrschenden Klasse und Truppen des Warschauer Paktes würden sie bei diesem

Kampf unterstützen: die USA würden in einem solchen Fall die aus dem NATO-Vertrag resultierende Hilfeleistungspflicht erfüllen, weil die Eingliederung der bundesdeutschen Industrie in das COMECON plötzlich und dauerhaft die Hegemonie der USA beendigen würde. Sie werden aber, mit Rücksicht auf die seit Vietnam dominierend gewordene Kriegsmüdigkeit ihrer eigenen Bevölkerung, den Einsatz konventioneller Streitkräfte so gering wie möglich halten und das atomare Risiko vorziehen, um auf dem Rückzug der NATO-Streitkräfte die deutsche Industrie zu zerstören, bevor sie in feindliche Hände fällt. Diese nukleare Zerstörung kann als Verteidigungsakt im Sinne des NATO-Bündnisses durchaus als legitim erachtet werden.

Der Übergang zum Sozialismus ist in Italien und Frankreich möglicherweise früher zu erwarten als in der BRD. Er dürfte sich aber dort in einer Weise vollziehen, die die Lieferfähigkeit der vergleichsweise kleinen Industrien gefährdet. Ein geordneter Übergang ist nur den Deutschen zuzutrauen. Das wissen wohl auch die Amerikaner. Deshalb werden sie in diesen Übergang atomar eingreifen, sofern sich ein Vorwand hierfür bietet.

Ein nuklear zerstörtes Industriegebiet bedeutet für die Russen keinen Nutzen, sondern nur Lasten mit der übriggebliebenen Bevölkerung. Die Russen können sie nicht einmal ernähren. Daher ist eine Angliederung des deutschen Industriepotentials im Wege einer revolutionären Erhebung der Massen unerwünscht, solange in Washington ein Präsident regiert, der die Hegemonie der USA

wahrscheinlich um den Preis eines atomaren Konflikts aufrechterhalten will. Diese Wahrscheinlichkeit wäre bei einem Präsidentenwechsel in den USA neu zu kalkulieren. Zunächst jedoch ist diese Wahrscheinlichkeit so groß, daß der Variante »revolutionäre Erhebung der Massen« die andere Variante »schrittweise Vergrößerung des Einflusses auf die legale Bundesregierung« vorzuziehen ist.
Die perspektivischen Möglichkeiten dieser zweiten Variante sind günstig. Die revanchistischen Kräfte in der Bundesrepublik, die von der Wiedergewinnung der Ostgebiete mit amerikanischer Hilfe träumten, sterben aus. Sie rekrutieren sich nur aus der alten Generation der Heimatvertriebenen. Die nachfolgende Generation will keine Abenteuer, die den errungenen Wohlstand gefährden könnten. Sie hat daher bei der letzten Bundestagswahl keineswegs extremistisch gewählt.
Die herrschende Klasse macht sich durch die Art, wie sie ihre Privilegien zur Schau stellt, in den arbeitenden Massen zunehmend unbeliebt. Trotz Wohlstand wird die Kluft zwischen den Reichsten und der Masse nicht kleiner, sondern größer. Das fördert die Bildung anarchistischer Gruppen, besonders unter der studentischen Jugend. Sie sind für die Russen vorteilhaft, da sie die herrschende Klasse zur Gewaltanwendung zwingen, die dieser Klasse weitgehend Sympathien entzieht. Die Eskalation gegenseitiger Gewaltakte erhitzt mit der Zeit die klassenkämpferische Atmosphäre, die ihrerseits die wahltaktischen Erwägungen der Parteien im Sinne einer Linksorientierung beeinflußt.

Die Antipathien, die die herrschende Klasse besonders bei der Jugend auslöst, verbinden sich mit den Antipathien, die das Verhalten der Amerikaner auslöst. Vorbild ist der Amerikanismus in der deutschen Jugend nur mehr insofern, als er »make love, not war« verkündet. Nach den Abscheu erregenden Bombenangriffen der Amerikaner in Vietnam ist es nun ihr wirtschaftspolitisches Verhalten, das die Deutschen provoziert. Sobald die USA ihre Einfuhren, z. B. westdeutscher Automobile, werden einschränken müssen, wird die Empörung der hiervon betroffenen Belegschaften ansteckend wirken.
Die Amerikaner kompromittieren auch ihren Ruf als Demokraten durch Unterstützung undemokratischer Regimes vor allem in Lateinamerika und vordem in Persien. Letztlich hat der Gewaltverzichtvertrag mit der Sowjetunion die Existenzberechtigung der NATO überhaupt in Frage gestellt. Weshalb, so fragen die Deutschen, gibt es immer wieder Ärger mit amerikanischen Soldaten, weshalb müssen wir ihre Anwesenheit mit vier oder sogar sechs Milliarden jährlich bezahlen, weshalb gibt man diese Summen nicht für Sozialbauten aus? Hat die Sowjetunion auf Gewaltanwendung verzichtet, erscheint auch die Bundeswehr mit ihrem 38 Milliarden DM-Aufwand überflüssig. Man kann die Frage nicht beantworten, gegen wen Amerikaner und Bundeswehr die Bundesbürger eigentlich schützen sollen, wenn infolge des Gewaltverzichts der Schutz vor der Sowjetunion überflüssig wurde.
Diese offenen Fragen gewinnen zunehmend innerpolitisches Gewicht. Mit der Angst vor den Russen und der

Sorge um den amerikanischen Schutz sind immer weniger Wählerstimmen mobilisierbar.

Dem wachsenden Antiamerikanismus entspricht eine wachsende »Russenliebe«, die besonders bei der jungen Intelligenz um sich greift. Es liegt im Interesse der Russen, diese Tendenz so weit zu fördern, daß eine Bundesregierung möglich wird, die sich der Sowjetunion gegenüber zumindest so verhält, wie die Regierung Erhard sich den Amerikanern gegenüber verhalten hatte, als Washington in Bonn das Storno der bereits unterschriebenen Röhrenlieferungsverträge mit der UdSSR befahl. Einer gefügigen Bundesregierung wäre eine große Dollaranleihe an die Sowjetunion ohne Popularitätseinbuße zumutbar.

Wollen die Russen dieses Ziel in einigen Jahren erreichen, müssen sie folgendes beachten:

1. Die friedlichen Absichten der Sowjetunion müssen immer wieder herausgestellt werden. Beim Gebrauch der Formel »Revanchismus« ist zu betonen, daß es sich um eine kleine reaktionäre, gar nicht beachtenswerte Gruppe handelt, damit die CDU/CSU das Argument verliert, hinter dem Begriff »Revanchismus« verberge sich die Absicht, ein präventives Eingreifen in die inneren Verhältnisse der Bundesrepublik zu legitimieren.

2. Die revolutionäre Entwicklung in der Bundesrepublik darf nicht durch den Übereifer der Genossen in Pankow gestört werden. Militante Äußerungen sind zu unterbinden. Man muß daran erinnern, daß die Zwei-Staaten-Theorie für die Russen nur die Unterschiede des Regimes darstellt, und daß eines Tages die »Eine-Nation-Theorie«

brauchbarer erscheinen kann, sobald die Evolution in der Bundesrepublik für sie reif wird.

3. Zu fördern sind – auch finanziell – alle Bestrebungen, die fähig sind, den Kredit der westlichen Orientierung in der deutschen Öffentlichkeit zu zerstören und die Sympathien für eine östliche Orientierung zu stärken. Hierbei scheiden Personen aus, die infolge ihrer Mitgliedschaft bei der KPD in den Augen des Kleinbürgers als umsturzverdächtig gelten. Operative Ziele sind vor allem pazifistische Organisationen, kirchliche Vereine mit eingeschlossen, alle autoritätsfeindlichen Bestrebungen, die Massenmedien, Jugendorganisationen, Gewerkschaften, ja selbst kapitalistische Funktionäre, die sich vom Ostgeschäft Vorteile versprechen.

4. Zu diesem Zweck ist das Gebiet der Bundesrepublik von einem Netz sorgfältig getarnter Informationszentren zu überziehen. Ihre Aufgabe ist es, die Überzeugung zu verbreiten, daß niemand anderer den Bundesbürgern Frieden und eine Vollbeschäftigungsgarantie auf lange Sicht bieten kann als die Sowjetunion; daß es auch gar nicht in ihrem Interesse als Kunde liegt, die deutsche Lieferfähigkeit durch gewaltsame Einwirkung zu stören. Vielmehr soll der deutsche Arbeiter das Gefühl haben, daß die Sowjetunion mit ihrem Gewicht als Großkunde am besten seine Interessen wahrt. Für dieses Netz stehen freiwillige und meist ihrer Rolle unbewußte Mitarbeiter in den meisten Organisationen und Massenmedien zur Verfügung.

5. Die Eskalation des amerikanischen Mißtrauens gegen-

über Bonn ist zu fördern. Diesem Zweck dienen Erfolge der Entspannungspolitik, die die Russen nichts kosten, die aber Bonn ermuntern, auf dem Wege der Annäherung an Moskau weiter zu gehen und – beispielsweise in der Abrüstungsfrage oder im Fernen und Nahen Osten – eine von Washington deutlich distanzierte Haltung einzunehmen. Ihr Mißtrauen wird dann die Amerikaner zu einer Politik veranlassen, die die antiamerikanischen Strömungen bei den Deutschen verstärkt.

6. Den Genossen der KPD ist klarzumachen, daß eine evolutionäre Entwicklung in der BRD den Interessen der sozialistischen Länder besser entspricht als eine revolutionäre. Das soll sie nicht daran hindern, alle Chancen zu nützen, die der Klassenkampf bietet. An der Eskalation anarchistischer, trotzkistischer oder maoistischer Gewaltakte dürfen sie sich aber nicht aktiv beteiligen, obwohl diese Eskalation dem Ziel der Zermürbung der herrschenden Klasse dient und insofern aus der Distanz des anscheinend Unbeteiligten heraus zu fördern ist. Diese Förderung darf nicht so weit gehen, daß KPD-Mitglieder sich selbst durch Beteiligung an Gewaltakten kompromittieren. Eine gewaltlose Linie der Politik der Sympathisanten mit dem sozialistischen Lager wird an Popularität gewinnen und daher zum Ziel führen.

Eine Analyse der russischen Politik der beiden letzten Jahre legt die Vermutung nahe, daß ihr ein Konzept zugrunde liegt, das mit dem erwähnten zumindest Ähnlichkeiten besitzt. Die bisherige bundesdeutsche Entwicklung läßt kaum Zweifel daran, daß ein solches Programm ausgezeichnete Chancen hat. Dem System der mehr oder weniger sozialen Marktwirtschaft fehlt in Deutschland die rauhe Tradition des Kampfes ums Dasein. Die so dauerhafte Verankerung des Kapitalismus in der amerikanischen Gesellschaft erklärt sich aus der traditionell überlieferten Scham für Schwäche und Lebensuntüchtigkeit. Der Geltungstrieb verlangt, sich selbst als einen »harten Kerl« qualifizieren zu dürfen. Der verweichlichte Millionärssohn wird nicht beneidet, sondern als jämmerlicher Kämpfer verachtet. So findet das Establishment einen hinreichend starken Nachwuchs für das System des »free enterprise« und gegen einen sozialistischen Naturschutzpark für Schwächlinge.

Dieser Nachwuchs fehlt den Deutschen nicht völlig, er ist aber – wohl auch als Kriegsfolge – zahlenmäßig viel weniger bedeutend als in den USA. Sofern es in Deutschland eine Tradition gibt, ist es die des Untertanen. Man will sich im Schutz eines Mächtigen geborgen fühlen, sei es nun ein Fürst oder ein NS-Gauleiter. Das Weimarer Zwischenspiel des »free enterprise« war nicht nur zu kurz, es war auch ein kläglicher Mißerfolg, eher zur Ausbildung einer Anti-Tradition befähigt.

Daher fühlt sich der Deutsche in der DDR durchaus nicht so unwohl, wie man bei dem Mangel an persönlicher Freiheit vermuten würde. Er ist in einem straff geregelten Ablauf von Arbeitszeit und Freizeit eingebettet, er lebt, wie es seiner Tradition als Untertan entspricht; ein gehorsamer Streber, durchaus kein Revoluzzer. Wer »ein Kerl« sein will, dem bietet das System Gelegenheit: im Betrieb als

Rekordarbeiter, im Sport, beim Militär, bei der Polizei. Als Grenzsoldat kann er sogar die Emotion des Tötens erleben, ohne selbst gefährdet zu sein. Heroismus wird sorgfältig gepflegt. Er kommt aber in der DDR-Jugend nicht so an wie im noch jungen Rußland.

Die Deutschen lassen sich in Marsch setzen, wenn es befohlen ist, sie würden schießen und sich erschießen lassen, wenn es befohlen ist, aber sie sind nicht mehr begeisterungsfähig, allen propagandistischen Bemühungen zum Trotz. Man duckt sich und bleibt am Leben – diese Philosophie der Tschechen hat auch die benachbarten Ostdeutschen angesteckt. Die für ein Objekt des Geschehens gegebenen Daseinsbedingungen können anders nicht erträglich gestaltet werden.

Das sind Eigenschaften, die eine Hegemonialmacht schätzen muß, sie erhöhen den Beutewert der ganzen Nation. Für den Einsatz in der ersten Linie hat die Hegemonialmacht eigene Eliten. Alte, gehorsame Vasallen sind am brauchbarsten im Hinterland. Niemand könnte so zuverlässig für die Ausrüstung der ersten Linie sorgen wie sie. Mitteleuropa: das ist die alte Welt, die einst ihre unbotmäßigen Untertanen nach Amerika exportierte. Die Duckmäuser pflanzten sich daheim fort. Was heranwuchs, war zu schwach für die Erstürmung irgendwelcher Bastillen. Es ertrug fürstliche Mißwirtschaft, ja sogar Kollaboration mit dem Landes- oder Reichsfeind, es versagte im Widerstand gegen Napoleon ebenso wie 1848 im Widerstand gegen den Absolutismus. Der Rausch eines unverhofften Wir-Gefühls, das dieser Nation Bismarck, dann Adolf Hitler bescherte, verwirrte die Sinne, änderte aber nichts an der Substanz. Man blieb eine Nation der »Radfahrer«, die gebückt nach unten treten, deren Mitglieder Demütigungen hinnehmen, wenn es ihnen vorteilhaft erscheint, belastet mit einem Minderwertigkeitskomplex gegenüber anderen Völkern, die geistreiche Dichter und Denker hervorbringen konnten.

Aber die Industrialisierung bot diesem Volk die Gelegenheit, seine erstaunlichen Fähigkeiten im Umgang mit konkreten, handgreiflichen Dingen zu entwickeln. Seine Intellektuellen, die abstrakt denkenden Menschen, frönten der Haarspalterei mit Gedankengut. Seine Praktiker, die konkret Denkenden jedoch fügten zusammen, bastelten, forschten, entdeckten, organisierten, und im Zusammenwirken mit einer fleißigen und geschickten Arbeiterschaft überflügelten sie schnell ihre englischen und französischen Lehrmeister. 1850 noch ein Entwicklungsland, das westlichen know how importieren mußte, war Deutschland ein halbes Jahrhundert später bereits an der Spitze der europäischen Industrie. Der Tüchtigkeit der konkret Denkenden überlassen, wurde der Trümmerhaufen von 1945 in anderthalb Jahrzehnten in das stärkste europäische Industriepotential verwandelt.

Die Abwesenheit intellektueller Haarspalterei ermöglichte das Wirtschaftswunder. Die in den Wohlstand eingebaute Rückkoppelung ließ aber jenen üppigen Nährboden für parasitäre Existenzen entstehen, den wir in allen späten Zivilisationen finden. Ein sehr schnell gewachsenes Sozialprodukt spürt es kaum, wenn Catilina und Crassus

an ihm zehren. Beide strahlen jedoch Wirkungen aus. Der eine will über das Geld zur Macht kommen, der andere über die Macht zu Geld.
Leitbilder werden geboren, weil viele Menschen nun Zeit haben, über die Ergebnisse der Haarspaltereien anderer Menschen nachzudenken und zugleich auch über die Macht jener, die als Lohn ihrer List schnell und viel Geld kassierten. Der Gegensatz zwischen Listigen und Träumern tritt immer schärfer ins Blickfeld der bisher ruhigen Objekte des Geschehens.
Der Markt ist es, dem die Listigen ihre Erfolge danken. Es können immer nur einige wenige sein, die Erfolg im Markt erzielen; der »Durchschnittsmensch« kann an dem Nutzgenuß des wachsenden Sozialprodukts nicht überdurchschnittlich teilnehmen. Millionen durchschnittlicher Menschen müßten sich eingestehen, daß ihnen die Fähigkeiten der Wenigen fehlen, die es im freien Spiel der Kräfte »zu etwas« gebracht haben.
Wie die Menschen dieses Urteil des Marktes über ihre bescheidenen Fähigkeiten im Kampf ums Dasein hinnehmen, ob sie es als fair anerkennen, ob sie resignieren oder dagegen revoltieren und das Spiel für falsch halten: das ist der Punkt, an dem nationale Traditionen entscheidende Bedeutung gewinnen. Die einen sind für Träume empfänglich, die vor ihren Augen das Bild einer Idylle malen, in dem das Lamm ruhig neben dem Löwen schläft. Sie werden reif für einen systemändernden Kampf der Benachteiligten gegen die im Markt Bevorzugten. Die Revolte zielt gegen den Markt und seine Urteilssprüche, die

sie durch Urteilssprüche politischer Funktionäre ersetzen will. Wie wir aus der östlichen Erfahrung wissen, findet nach Beseitigung der Marktwirtschaft der Klassenkampf dann erbittert aber heimlich zwischen den Objekten des Geschehens und den Funktionären statt.

Für Völker, die langsam marktwirtschaftlich wohlhabend wurden, ist ein anderer Urteilsspruch als der des Marktes einfach unvorstellbar. Der Klassenkampf findet dort im Markt selbst statt. Den Gewerkschaften geht es nicht um Systemänderung, sondern allein um eine möglichst hohe eigene Marktmacht, mit deren Einsatz sie aus dem Gegner möglichst hohe Zugeständnisse herausholen. Am Ende des Kampfes soll der Klassenfeind geschwächt sein, aber am Leben bleiben. Für Traumbilder wie »Mitbestimmung« haben die Gewerkschaftsfunktionäre nichts übrig. Die Deutschen schafften den Weg in den »Sündenpfuhl des kapitalistischen Wohlstandes« so erstaunlich schnell, daß für eine Gewöhnung an Urteilssprüche des Marktes zu wenig Zeit blieb. Ihr Mangel an demokratischer Tradition wird nur von den slawischen Völkern übertroffen. Sie sind daher bereit, über Markt und Demokratie soviel zu reden, bis sie beide zerredet haben.

Zudem fiel der Wechsel von Mangel zu Überfluß mit dem Generationswechsel zusammen. Der Ödipuskomplex lenkt die Aggressivität der Söhne gegen das, was die Väter aufgebaut haben. Man verbeugt sich erst als ausgewachsener Mann vor dem Erbe der Großväter. Die Verbeugung vor dem Vatererbe bedeutete Unterwerfung des Ödipus, sie ist bis zu einem gewissen Alter unlustbetont und sie wird daher verweigert. Die im Wohlstand aufgewachsene Jugend aller Völker ist ohne Leidenschaft für den Kampf ums Dasein, den sie in seiner Härte gar nicht kennt. Sie verabscheut das Gesetz des Dschungels, unter dem der Markt steht, sie will nicht, daß der Stärkere den Schwächeren frißt, sie wünscht einen Naturschutzpark für Schwächlinge und sie träumt davon, dort die Rolle des Wärters zu übernehmen, der jedem gerecht seinen Anteil am Futter zumißt. Aus dem Gefühl der Schwäche heraus schwärmt sie für Gewaltlosigkeit, aber sie hält Gewalttätigkeit im Hinblick auf das Fernziel »Naturschutzpark« für gerechtfertigt. Denn diese Jugend ist nicht alt genug, um ohne ein Wir-Gefühl und ohne Triebbefriedigung still dahinleben zu können.

Das Wir-Gefühl der Nation ist seit 1945 zum Gespött geworden, das Wir-Gefühl der Klasse kann Intellektuelle und konkret Denkende nicht einen, solange letztere die Leitbilder keines Barrikadensturms für wert hielten.

Je mehr sich die Fähigkeit des Menschen zu Abstraktionen steigert und je mehr für andere Menschen der Umgang mit konkreten Dingen mit dem Selbstbewußtsein verträglich wird, um so breiter wird die Kluft zwischen abstrakt Denkenden und konkret Denkenden. Diese halten jene, wenn sie sie nicht gerade für ihren Machterwerb brauchen können, für inferior, sie finden keine gemeinsame Sprache, weil die einen mit Begriffen operieren, die anderen mit den Dingen selbst. Um eine Verständigungsmöglichkeit wenigstens in einem Teilbereich herzustellen, muß der Intellektuelle nach dem Vorbild von Bert Brecht (der nie mit

Proletariern an einem Tisch saß) Emotionen wecken, vor allem solche, die aus einem subjektiven Unrechtsempfinden entstehen.
So wird der Bauarbeiter den Gewerkschaftssekretär verstehen, wenn er von ihm hört, sein Lohn sei zu gering. Die Leitbilder, die der Sekretär über diese konkrete Feststellung hinaus an den Mann bringen will, interessieren ihn nicht. Hingegen wird der Bauarbeiter mit seinem ebenfalls konkret denkenden Chef sich glatt verständigen können. Das, was sie trennt, ist nicht ihre Denkungsweise, sondern die Tatsache, daß der eine einen möglichst geringen Lohn für möglichst viel Arbeit zahlen will, der andere einen möglichst hohen Lohn für möglichst wenig Arbeit erzielen will.
Die Erfahrung der Konzentrationslager lehrt, daß eine Herzensfreundschaft zwischen Bauarbeiter und Bauunternehmer möglich ist, keineswegs jedoch zwischen einem von beiden und einem Intellektuellen. Gleichen Lebensbedingungen unterworfen, gesellt sich gleich zu gleich. Die konkret Denkenden und die abstrakt Denkenden finden außer einem gemeinsamen Anlaß zur Furcht oder Entrüstung keine gemeinsame Basis. Der eine spürt die Verachtung des anderen für seine ungeschickten Hände oder für seine Unfähigkeit, mit Begriffen abgelöst von ihren konkreten Inhalten zu operieren. Das Wir-Gefühl der Klasse erfordert daher eine Gemeinsamkeit der Entrüstung über etwas Konkretes: Brutalität oder Übermut der Kapitalisten, ihre übermäßigen Gewinne, Reichtumserwerb von Spekulanten und Politikern. Der Slogan »Bon-

zen im Speck, Volk im Dreck« erwies sich in den dreißiger Jahren als der wirkungsvollste.

Ohne Empörung kann kein intensives Wir-Gefühl entstehen. Spürt aber der Arbeiter die heimliche Angst, die sein Chef vor ihm empfindet, werden Lohnforderungen ohne Streik durchgesetzt, kurz, kann sich der Arbeitnehmer im Vollbesitz seiner überlegenen Marktmacht fühlen, dann werden intellektuelle Bemühungen zur Stärkung des Wir-Gefühls der Klasse wenig Erfolg haben. Den Intellektuellen bleibt nur das Wir-Gefühl ihrer eigenen Gruppe und die Hoffnung, in dieses eines Tages die kräftigen Männer in den Betrieben einbeziehen zu können – eine Sehnsucht, die unerwidert bleibt, weil blasse Intellektuelle für kräftige Männer ein Gegenstand des Spottes sind, solange sie von ihnen keine konkreten Vorteile erwarten können.

Die Gruppenbildung abstrakt Denkender leidet darunter, daß es schwer ist, ein gemeinsames Leitbild für eine sehr große Zahl intellektueller Menschen zu konstruieren. Im Wesen der Abstraktion liegt ihre Differenziertheit, sofern sie auf lebendige Objekte angewendet wird. Der Begriff »guter Hund« kann nie die individuellen Eigenschaften aller möglichen Hunde abdecken. Es werden immer Meinungsverschiedenheiten darüber möglich sein, was eigentlich zu dem Begriff »guter Hund« notwendigerweise gehört. Noch größer sind die möglichen Meinungsverschiedenheiten über gesellschaftliche Modelle, die jeder nach seiner individuellen Neigung für mehr oder weniger realistisch, für mehr oder weniger wünschenswert halten kann,

ohne von einem »Andersgläubigen« exakt widerlegt zu werden.
Intellektuelle Gruppen neigen daher zur Zersplitterung. Das ist auch bei den deutschen intellektuellen Gruppen zu beobachten. Gemeinsam ist ihnen allerdings, soweit sie auf Systemänderung ausgerichtet sind, die Aversion gegen Establishment, Kapitalismus und die USA als Vormacht des Kapitalismus. Wer auf deutsche Art aus einem Minderwertigkeitskomplex Lustgewinn ziehen will, ist in Verlegenheit: unter Friedrich II. bewunderte man die Franzosen (weil man sich so im Habitus über das gemeine Volk erhob), unter Wilhelm II. bewunderte man aus demselben Grund die Engländer und unter Konrad Adenauer die Amerikaner. Da sich Letzteres mit dem Ödipuskomplex nicht mehr verträgt, bleiben nun als Bewunderungsobjekt nur die Russen übrig und – für Feinschmecker – die Chinesen. Das ist bei einem Volk, das traditionell gesellschaftliches know how importierte, auch gar nicht erstaunlich, zumal der einzige, teilweise selbst fabrizierte know how, der Nationalsozialismus, so eindrucksvoll scheiterte.
Da öffentliche Meinung nur von Intellektuellen gemacht werden kann und da die Technik des Meinungsmachens darin besteht, die eine Information herauszustellen, die andere aber in den Paierkorb zu werfen, muß der Inhalt der Massenmedien und ihrer Papierkörbe Aufschluß über die Sympathien und Antipathien geben, die bei der Auswahl der Informationen maßgebend sind. Meist wandern Meldungen über Greuel des Vietkong oder Verhaftung russischer Intellektueller in den Papierkorb, Meldungen

über amerikanische Greuel oder die Verhaftung argentinischer Intellektueller keineswegs. In der Rede eines östlichen Machthabers wird das gestrichen, was auf deutsche Ohren schlecht wirkt, in der Rede eines Gegners des Ostens, das was auf deutsche Ohren sympathisch wirkt. Beide nebeneinander gestellt, vermitteln die Überzeugung, objektiv informiert zu werden.
Entscheiden Sympathien und Antipathien der Intellektuellen – oft gegen den Willen privatwirtschaftlicher Eigentümer von Massenmedien – über die Informationsauswahl, dann respektieren diese Macht die Beobachter des Marktes der Wählerstimmen. Die Marktanalysen der Parteien müssen damit rechnen, daß eine Rechtsabweichung vom bisherigen Kurs intellektuelle Antipathien weckt, die ihrerseits bei der Informationsauswahl zu unerwünschter Geltung kommen wird. Bei einer Linksabweichung werden intellektuelle Sympathien und daher erwünschte Folgen für die Informationsauswahl zu erwarten sein. So bedeutet in den wahltaktischen Überlegungen aller Parteien eine Wendung nach links immer das kleinere Übel gegenüber einer Wendung nach rechts, besonders in der Außenpolitik. In der Innenpolitik kann der Kapitalismus mit Geld eine erfolgreiche Defensive betreiben und Linksabweichungen verhindern, in der Außenpolitik nicht. Zudem ist jede Außenpolitik, die zusätzliche Umsätze zu bringen verspricht, kapitalistischen Wohlwollens sicher. Hinzu kommt der den Bundesbürgern fehlende Sinn für öffentliches Vermögen. Er hat nicht das Gefühl dafür, daß das, was der Allgemeinheit gehört, auch ihm gehört. Be-

sonders zeigte sich dies bei den Währungsturbulenzen im Februar und März 1973. Die Bundesbank hätte geringere Kursverluste an ihren Dollarbeständen erlitten, wäre sie nicht von Bonn zu völlig überflüssigen und aussichtslosen Stützungskäufen gezwungen worden. Diese überflüssigen Verluste betrugen rund zwei Milliarden DM, je Kopf der Bundesbürger somit 30 D-Mark.

Man stelle sich die Empörung vor, wollte ein Bürgermeister jedem seiner Untertanen 30 D-Mark abnehmen, weil die Gemeindekasse eine Fehlspekulation zu berappen hätte. Einstimmig würde man die Abwahl des nachlässigen Bürgermeisters fordern. Für die Dollarstützung wurde den Bundesbürgern zwar kein bares Geld abgenommen, aber sie haben die 30 D-Mark später in Form erhöhter Steuern unter einem anderen Titel zu bezahlen. Sie blieben daher völlig ruhig und ungerührt. Es fehlte das Bewußtsein, daß die Devisenbestände einer Notenbank eine nationale Sparbüchse darstellen, die viele Jahre hindurch aus den Arbeitsergebnissen jener Bürger dotiert wurde, die auf ehrliche Weise ihr Brot verdienen. Daher fehlte auch der Respekt vor dem gemeinsam Erwirtschafteten; der leichtfertige Verlust von zwei Milliarden löste keine Empörung aus, ebenso die weiteren Milliarden im Zusammenhang mit den späteren Dollarstützungen.

Eines Tages würde auch die Nachricht keine Empörung auslösen, es sei die Hälfte der ohnedies überflüssigen Dollarbestände der Bundesbank den Russen geliehen worden. Die Stimmung für diesen Tag X bedarf noch einer gewissen Vorbereitung, maß muß sich an weitere Abkühlung im

Westen und weitere Erwärmung für den Osten gewöhnen, Antiamerikanismus und »Russenliebe« bedürfen noch intellektueller Pflege, ebenso die Theorie, daß sich Lamm und Löwe zueinander entwickeln und einander immer ähnlicher werden (Konvergenztheorie). Die Außenpolitik der Öffnung nach links muß einem Gesetz der Selbstbeschleunigung unterliegen, da nicht nur jeder Schritt zur Entfremdung von den USA einen Schritt zur Annäherung an die Sowjetunion nach sich zieht, sondern auch umgekehrt jeder Schritt zur Annäherung an die Sowjetunion einen solchen zur Entfremdung von den USA. Eine Entwicklung, die, wie die Inflation, schleichend beginnt und im Galopp endet.

Das alles sind Überlegungen, zu denen ein politischer Experte des Kreml mit einigen Jahren Auslandserfahrung gelangen könnte. Es wäre denkbar, daß er sie in gewähltem Polit-Chinesisch den Machthabern vorträgt. Seit Afghanisatn wissen wir, daß ein solcher Vortrag im Politbüro nicht gehalten wurde oder daß, falls eine ähnliche Argumentation vorgetragen wurde, sie bei den Maßgebenden nicht angekommen ist. Die Maßgebenden, so müssen wir folgern, werden durch die ideologische Brille daran gehindert, Tatsachen klar zu sehen. Unter dem Einfluß der ideologischen Brille müssen die alten Herren im Kreml an Tatsachen solange heruminterpretieren, bis sie in die ideologischen Vorurteile hineinpassen. Sie nehmen daher den Vorteil des eigenen Landes nicht wahr. Das ist es, was den politischen Umgang mit dem Kreml so schwierig macht. Möglicherweise ist der Beschluß, Afghanistan zu okkupieren, auf die Generalität zurückzuführen, die sich auszuzeichnen wünschte und deren Gewicht mit wachsender Spannung zwischen Ost und West zunehmen muß. War dem so oder nicht, bewiesen ist jedenfalls, daß man die negativen Folgen des afghanischen Abenteuers vorher hätte wissen können, daß aber ein solches Wissen nicht bestand – welches Armutszeugnis für die Intelligenz der alten Männer! Der Beutewert Afghanistan ist für Moskau durchaus negativ. Es gibt nur zwei Möglichkeiten. Entweder die Bevölkerung des Landes auszurotten und damit die propagandistische Lage der Kommunisten und Russophilen in der ganzen Welt entscheidend verschlechtern. Übrig bliebe ein armes Gebirgsland ohne wirtschaftlichen Nutzen. Wählt man die andere Möglichkeit, nämlich gestützt auf Kollaborateure – die sich immer finden – das Land notdürftig zu regieren, wird man der Partisanen noch weniger Herr werden als einst die Deutschen in Bosnien. Man muß unentwegt mit Sabotage-Akten, Überfällen, Attentaten, rechnen. Dies bindet eine erhebliche militärische Macht. Mit welchem Nutzen? Wäre das mittelöstliche Öl das Ziel der Operation, dann wäre es besser, zu warten, bis der Dilettantismus Khomeinis das wirtschaftliche Chaos in Persien soweit entwickelt hätte, daß seine enttäuschten Anhänger zur kommunistischen Tudeh-Partei überlaufen. Auf diese gestützt, hätte man dann in ein, zwei Jahren einen Vorwand zur Intervention gefunden, und die Amerikaner, in ihren Koexistenzträumen, wären viel zu perplex gewesen, um mit Aussicht auf militärischen Erfolg zu intervenieren.

8. KAPITEL

# Die Schwierigkeiten eines deutschen Konzepts

Wer etwa den Auftrag hätte, ein Konzept über eine den deutschen Interessen am besten entsprechende Verhaltensweise zu entwerfen, würde sich gedrängt fühlen, zunächst einmal eine psychologische Inventur der Lage zu versuchen. Gegeben ist eine Nation, die wieder einmal, wie nach dem Westfälischen Frieden, von dem Urteilsspruch der Geschichte zu einem Objekt des Geschehens degradiert wurde. Es kann nicht überraschen, daß nach dem Wiederaufbau ähnliche Eigenschaften sichtbar werden: Servilität gegenüber auswärtigen Nachbarn, Hochmut gegenüber den Ohnmächtigen der eigenen Nation. Auf der Suche nach historischen Parallelen wird man auf Italien stoßen, das durch viele Jahrhunderte von den Löwen in Paris, Wien, Madrid und Konstantinopel gequälte Lamm, das aber zuletzt doch, die schwachen Stunden der Löwen nutzend, in eine Subjektrolle zurückfinden konnte. Nach einer Verbeugung vor der imponierenden Figur des Grafen Cavour muß man diesen Vergleich jedoch für untauglich halten. Denn die Wiedervereinigung Italiens war ein Ergebnis des in Europa dominierend gewordenen Wir-Gefühls der Nation. Es schwächte den Löwen Habsburg und stärkte das Lamm. Das Wir-Gefühl der Klasse war noch nicht organisiert.

Aus ähnlichen Gründen hinkt der Vergleich mit dem fast zwei Jahrhunderte lang geteilten Land Polen. In Italien wie in Polen war es das Chaos, das die Beutelust weckte. Im deutschen Fall war es jedoch die Angst vor dem eben erst mit viel Mühe und Opfern niedergeworfenen Raubtier. Diesmal sollte es keinen Wiener Kongreß geben, der dem Raubtier, nachdem es sich von seinem Dompteur getrennt hatte, die Rückkehr in den Kreis der gesitteten Löwen gestattete. Und auch keinen Talleyrand, der die Rivalität zwischen den Löwen für sein Land nutzen konnte. Zur Rivalität der Löwen kam es schon kurz nach 1945. Konrad Adenauer wählte den satten und daher verhältnismäßig ungefährlichen Löwen als Schutzpatron. Damals war die Bundesrepublik für eine Politik, wie sie Talleyrand auf dem Wiener Kongreß betrieb, noch zu schwach. Als sich allmählich ihr überraschend hoher Beutewert enthüllte, fehlte ein Talleyrand. Es fehlte aber auch ein Element, das für den Erfolg Talleyrands entscheidend war: das Ehrgefühl der Nation. Die Franzosen waren selbstbewußt genug, über die durch Napoleons Einwirken Ermordeten und Getöteten hinwegzusehen. Statt sich zu schämen, benannten sie später Straßen und Plätze nach Generälen Napoleons und nach ihren Siegen. Die Deutschen mußten sich für ihre militärischen Leistungen nicht schämen, wohl aber für die im Auftrag ihres Diktators vollbrachten Morde. Die militärische Niederlage wäre zu verwinden gewesen. Die moralische Niederlage zerbrach das Rückgrat einer Generation, die von ihren Söhnen mit Kollektivschuld belastet werden konnte.

Massenmorde, die auf das Konto der Sieger gehen, werden von der Geschichte als peinliche Entgleisung verziehen. Dem Besiegten wird nichts verziehen. Die Deutschen betäubten ihr Schuldgefühl – sofern sie es nicht mit dem masochistischen Lustgewinn der Selbstgeiselung pflegten – durch Arbeit. Doch die ungeheuren materiellen Erfolge dieser Arbeit konnte sie nicht vor der Verachtung der Söhne retten. Im Gegenteil, Überfluß und Leichtfertigkeit des Kampfes ums Dasein vernebelten die Urteilskraft der Söhne und verschärften den Generationskonflikt in unerhörter Weise.

Das elementare Bedürfnis der Söhne, die Väter anzuklagen, fand reichlich Nahrung beim Anblick der hochgehenden Wohlstandswelle, die nicht nur die Tüchtigen, sondern auch die Skrupellosesten mit Reichtum überspülte: die Tantiemen-Empfänger, die Grundstücksspekulanten, die politischen Inhaber von Beratungsverträgen, die Lobbyisten, die Spesendeutschen in den Luxuslokalen. Alle Menschen, die man sich ohne die geringsten Folgen für das Sozialprodukt wegdenken kann, leben von parasitären Einkommen. Sie provozieren mit ihrem Dasein alle diejenigen, die das Sozialprodukt mehren. Denn letztere müssen »Mehrwert« schaffen, damit die anderen sich einen negativen Leistungsbeitrag zum Sozialprodukt leisten können: nehmen ohne zu geben.

Eine Welt, in der der Parasit triumphiert und der ehrliche Mann resigniert, wirkt als Katalysator. Die Demoralisierten wetteifern mit den schon erfolgreichen Parasiten, und die moralisch Intakten wollen diese von den Vätern ererb-

te, verabscheuungswürdige Welt »in ihrem System« verändern. Die historische Parallele finden wir im schnell reich gewordenen Frankreich Louis Philipps, des Bürgerkönigs. Die Barrikaden von 1848 beendeten diese Epoche. Aus einer solchen Konstellation folgt, daß die Gruppen, die das System ändern wollen, durch ein intensives Wir-Gefühl der gemeinsamen Empörung verbunden sind. Auf der anderen Seite der (bisher noch nicht physisch vorhandenen) Barrikaden fehlt das Wir-Gefühl. Man will das System verteidigen, nicht weil man an ihm mit dem Herzen hängt, so wie die Gegner des Systems an ihrem Leitbild mit dem Herzen hängen. Vielmehr ist man der vernünftigen Ansicht, ein System, in dem alle wohlhabender geworden sind, sollte von allen dankbar bejaht werden und aus dieser Dankbarkeit heraus müsse man über kleine Schönheitsfehler hinwegsehen. Der Wunsch nach Schönheitsoperationen entspringe Neidkomplexen. Gegen harmlose Operationen sei nichts einzuwenden, riskante müßten jedoch unbedingt vermieden werden.
Somit erfolgt die Rechtfertigung des Systems notwendigerweise rational, der Angriff auf das System hingegen emotionell. Im Bereich der ratio ist man eher tolerant und bereit, sich mit Argumenten auseinanderzusetzen, die von der Gegenseite über die Barrikaden hinweg abgefeuert werden. Im Bereich der Emotion besteht eine solche Bereitschaft nicht. Denn der empörte Mensch will nur Argumente anerkennen, die seine Empörung rechtfertigen, keineswegs solche, die ihn zwängen, unter dem Druck der ratio Empörung abzubauen. Wer seine Vorstellung von

einer besseren Welt als Utopie enthüllen will, reizt nur den Zorn. Denn der Empörte braucht eine solche Vorstellung, um die gegenwärtige Welt verabscheuen und an ihrer Änderung mitwirken zu können. Das menschliche Denken ist so eingerichtet, daß es emotionalen Lustgewinn nicht gefährden, sondern sichern will. der Anspruch auf Genuß der Emotion ist primär, sekundär erst die Denkleistung, die diesen Anspruch rechtfertigt. Die Argumente, die von den Verteidigern des Systems über die Barrikaden hinweg auf die emotional geladenen Angreifer abgefeuert werden, bleiben daher wirkungslos. Nach allen geschichtlichen Erfahrungen ist anzunehmen, daß die Positionen der Verteidiger eines Tages erstürmt werden dürften.
Ein Talleyrand, gebeten, die Leitung der deutschen Außenpolitik zu übernehmen, würde bei dieser Lage der Dinge vermutlich ablehnen. Talleyrand wußte (wie vor ihm Macchiavelli und nach ihm Bismarck), daß eine erfolgversprechende Politik zwar jenseits von Gut und Böse konzipiert wird, daß ihr Anliegen jedoch mit den Moralvorstellungen der Umwelt verträglich sein muß. Politische Ziele, die man nicht als Rechtsvollzug motivieren kann, haben keine Chancen. Die Menschen müssen das, was gewollt wird, emotional bejahen können und demjenigen, der sich dem Wollen entgegenstellt, muß dabei das gute Gewissen fehlen. Deshalb manipulieren die Ein-Parteien-Systeme ihre öffentliche Meinung so, daß jeder Gutgläubige das, was die Regierung will, akklamieren und das, was andere Regierungen wollen, verabscheuen kann. In der Bundesrepublik ist aber ein Mehrparteien-System

gegeben, dessen öffentliche Meinung in der Wunschrichtung jener manipuliert wird, die eine Änderung des Systems für erstrebenswert halten. Eine Politik, die das System gegen auswärtige Mächte schützen will, hat das Vorurteil des »Konservatismus« gegen sich. Progressiv sein heißt, die Vorurteile von gestern durch Vorurteile von heute zu ersetzen, konservativ sein heißt, bei den Vorurteilen von gestern verharren. Das Vorurteil von gestern hieß: Weil die Sowjetunion erfahrungsgemäß bereits bei mangelnder Fügsamkeit eines Satelliten präventive Gewalt anwendet, müssen wir darauf gefaßt sein, daß sie auch gegen uns Gewalt anwendet. Daher brauchen wir amerikanischen Schutz. Das Vorurteil von heute lautet: da die Sowjetunion ein Vierteljahrhundert uns gegenüber keine Gewalt anwendete, wird sie das auch in Hinkunft nicht tun. Wir brauchen keinen amerikanischen Schutz, wir können unser System ändern, wie wir wollen, die Prager Variante vom Februar 1948 oder August 1968 wird auf uns keine Anwendung finden.

Eine Politik, die für ein so feistes Lamm wie die Bundesrepublik neben einem so hungrigen Löwen wie die Sowjetunion ein größtmögliches Maß an Sicherheit erstrebt, muß allen abwegig, ja verabscheuungswürdig erscheinen, die von der Prämisse »satter Löwe« ausgehen, weil dessen Sattheit der eigenen Wunschrichtung entspricht und eine andere Prämisse das Lustgefühl der Entrüstung über das eigene System stören würde.

Andererseits müssen die Apologeten des Systems eine Politik ablehnen, die aus der Erfahrung die Einsicht ableitet, es sei kein Erfolg ohne Risiko möglich und deshalb sei sogar der Verzicht auf den Schutz des anderen Löwen als kalkulierbares Risiko anzustreben. Die beiden einander widersprechenden Vorurteile, das konservative und das progressive, beherrschen praktisch die gesamte öffentliche Meinung der Bundesrepublik. Eine Politik, die keinem der beiden Vorurteile Rechnung trägt, setzt sich zwischen alle vorhandenen Stühle, und sie wird daher voraussichtlich innerpolitisch scheitern, weil keine Partei sie verantworten will.

Es scheint, daß Nationen, die sich in einer kriegerischen Euruption verausgabt haben – die Türken, die Schweden nach Karl XII., die Tschechen nach den Hussitenkriegen – ein stilles Glück im Winkel suchen. In einer geografischen Randlage erfreuen sie sich dieses Glücks lange und ungestört, sie werden kein Spielball der Auseinandersetzung zwischen den Hegemonialmächten. Haben sie aber das Pech, in einem Zentrum der sich kreuzenden Hegemonial-Interessen zu siedeln, dann werden sie, wie die Tschechen, ein von allen gerupftes Objekt des Geschehens. An Schutz gewohnt, erschlafft ihr Verteidigungsinstinkt. Ängstlich auf die Stimme ihres Herrn horchend, können sie sich dennoch nicht verkneifen, insgeheim bei den eventuell morgen möglichen Herrn um Wohlwollen zu winseln. Wegen ihrer Servilität von beiden Herren mißachtet, genießen sie kein Vertrauen, das heißt, sie haben wohl einen Beutewert, aber keinen Bündniswert. Zuletzt ereilt sie doch das Schicksal, das sie verdient haben: die Knechtschaft.

Ein Volk, das bei diesem von Oswald Spengler sogenannten »Fellachen-Stadium« angelangt ist, verträgt keine Politik, die allein von den Interessen dieses Volkes geleitet wird. Ein Mann von der Klarsicht eines Talleyrands oder Bismarcks würde das Mandat eines bundesdeutschen Außenministers erst gar nicht übernehmen, käme er zu dem Schluß, daß die Bundesbürger dieses Stadium erreicht haben. Diagnosen über erreichte Stadien sind aber immer erst ex post möglich. Deshalb erscheint es doch nicht ganz überflüssig, den Rahmen der Möglichkeiten abzustecken, der einer Wahrung der deutschen Interessen gezogen ist. Kardinales Anliegen ist – banalerweise – die Wiedervereinigung keineswegs im Sinne einer Wiederherstellung der kapitalistischen Marktwirtschaft in der DDR, sondern im Sinne der Wiederherstellung der politischen Entscheidungsfreiheit der Menschen, getragen von einem Ost und West gemeinsamen Wir-Gefühl der Nation. Das hat mit sentimentalen Erwägungen nichts zu tun. Je größer die Beute, desto schwerer ist sie zu verdauen. Japan beispielsweise ist zu groß, um von irgendeiner Hegemonialmacht verdaut werden zu können und ein souverän wiedervereinigtes Deutschland wäre nahezu ebenso groß.
Ein Objekt des Geschehens kann von sich aus nichts für seine Sicherheit tun. Welchen Schutz es auch immer genießt, es muß gewärtig sein, preisgegeben zu werden, sobald es die Interessen der Schutzmacht erfordern (siehe Vietnam). Falls die Interessen einer Vertragserfüllung entgegenstehen, findet sich immer ein Vorwand, Verpflichtungen zu verleugnen. Die Objektrolle ist daher für die

Bewohner der Bundesrepublik ebenso lebensgefährlich wie für die Bewohner der DDR. Wie ein Damokles-Schwert schwebt über ihnen die Möglichkeit, das Schlachtfeld zu werden, das von beiden Hegemonialmächten zur Auseinandersetzung gewählt wird, weil es fern genug von den lebenswichtigen Zentren beider Gegner liegt, weil es aber trotzdem eine Entscheidung ermöglicht.

Weshalb die Amerikaner, sobald die Russen am Rhein oder an den Pyrenäen stehen, die Bundesrepublik und Europa atomar zerstören müssen, wollen sie nicht auf den Rang einer drittklassigen Macht absinken. Ob mit oder ohne NATO, ob die Deutschen Washington als ihren Schutzpatron ehren oder nicht, dieser atomare »Schutz« ist ihnen auf jeden Fall sicher. Daher kommt es darauf an, daß die Russen mit diesem »Schutz« rechnen müssen, zugleich aber eine Situation zu vermeiden, in der der »Schutz« aktuell werden könnte. In einer Rede vor der Handelskammer San Antonio definierte der amerikanische Verteidigungsminister Richardson am 31. März 1973 die Nixon-Doktrin wie folgt:

Es gehe darum

1. Jeden Versuch zu vereiteln, diejenigen Staaten einer gegnerischen politischen Kontrolle zu unterwerfen, die aufgrund ihres menschlichen und wirtschaftlichen Potentials oder ihrer geographischen Lage für die USA von Bedeutung sind, oder gewissermaßen als Hebel gegen die USA eingesetzt werden können.

2. Allen für die USA wichtigen Nationen das Gefühl der

Sicherheit und des politischen Vertrauens zu vermitteln, das sie haben müssen, wenn sie unabhängig bleiben und ihr eigenes Potential für ihre Verteidigung einsetzen sollen.

Daß die Bundesrepublik aufgrund ihres wirtschaftlichen Potentials für die USA »von Bedeutung« ist, braucht nicht erst betont zu werden, es kann als erwiesen gelten. Die Nixon-Doktrin sieht daher in dem Versuch, die Bundesrepublik einer russischen Kontrolle zu unterwerfen, den casus belli. Die Formulierung der Nixon-Doktrin bezieht sich aber ausdrücklich nicht nur auf Verbündete der USA, sondern auf alle Staaten, die »für die USA von Bedeutung« sind, mögen sie nun verbündet sein oder nicht. Damit wird klar formuliert, daß die USA bereit sind, für die Wahrung ihrer Interessen Risiken zu übernehmen, keineswegs um der schönen Augen irgendwelcher Verbündeter willen. Die Addition des bundesdeutschen zu dem Industriepotential des COMECON, auf gewaltsame Weise, muß im amerikanischen Interesse vereitelt werden, wenn nicht anders, dann durch atomare Auslöschung dieses Potentials. Daher kann sich die bundesdeutsche Politik ohne Verlust des atomaren »Schutzes« aus dem Bündnis mit den USA lösen. Sie kann aber diese Lösung nicht so vollziehen, daß der Vorwand für eine »Vereitelung« gegeben wäre, also nicht als Ergebnis einer Rußland-hörigen »Machtergreifung« in Bonn.

Mit diesem Satz ist der Spielraum für alle möglichen Varianten deutscher Interessenwahrung abgesteckt. Eine Überschreitung des Spielraums könnte fatale Folgen haben. Der Satz zu Ende gedacht, impliziert die Möglichkeit eines Status der Bündnisfreiheit. Das NATO-Bündnis beengt den Aufbau einer bundesdeutschen Verhandlungsposition gegenüber Rußland, es bedeutet aber für die Bundesrepublik keinen »Schutz«, der nicht auch ohne NATO gegeben wäre. Mit verwöhnten »Bürgern in Uniform« gegen harte russische Divisionen klassischen Krieg führen zu wollen, wäre eine an Wahnwitz grenzende Vermessenheit. Im Ernstfall machte die zahlenmäßige und vor allem kämpferische Unterlegenheit der Nato-Streitkräfte den nuklearen Einsatz unvermeidlich.

Dieser Ernstfall entspräche aber keineswegs den russischen Interessen. Er ist nur denkbar als Nebenwirkung einer irgendwo in der Welt außer Kontrolle geratenen Eskalation russisch-amerikanischen Kräftemessens. Seit 1972 hat ein struktureller Wandel der weltpolitischen Konstellation stattgefunden. Bis dahin konnte es als möglich gelten, der dritte Weltkrieg würde sich in Mitteleuropa entzünden, als Folge eines russischen Überraschungsangriffs an seiner Westfront. Allein um den Amerikanern eine Ohnmachtprobe aufzuzwingen, wäre es vorstellbar gewesen, die Russen besetzten über Nacht zunächst einmal Berlin, wohl wissend, daß kein amerikanischer Präsident mit einem solchen Ereignis das Risiko eines Atomkrieges rechtfertigen könnte. Washington würde rhetorisch großen Lärm veranstalten, es würde mit dem Säbel rasseln und drohen – aber militärisch würde nichts geschehen. Nicht einmal die Unterbrechung der Getreidelieferungen an den Ostblock wäre als Dauermaßnahme zu erwarten,

weil die Farmer Krach schlügen und weil jeder Präsident die Stimmen der Farmer braucht.
Außer der Demonstration der amerikanischen Ohnmacht würde aber eine solche Besetzung den Russen nichts nützen. Das Berliner Industriepotential wäre als positive Folge zu buchen, aber die Notwendigkeit, zwei Millionen zusätzliche Esser zu ernähren, als Negativum. Man brauchte noch mehr Dollar zur Bezahlung der Getreideimporte und die von einem solchen Gewaltakt erschreckten Märkte würden neue Kredite verweigern. Die Besetzung Berlins wäre für den Kreml ein Passivgeschäft.
Ein noch u nvergleichlich größeres Passivgeschäft wäre die Besetzung der Bundesrepublik. Sie brächte weder Gold noch Dollardevisen, weil diese, wie bereits erwähnt, jenseits des Atlantik dem Zugriff der Besatzungsmacht entzogen bleiben. Man bekäme ein von den Amerikanern zertrümmertes Industriepotential und Überlebende, die ernährt werden müssen, sollen sie die Aufräumungsarbeiten leisten. Es ist ein Segen für die Bundesbürger, daß ihr Beutewert im Falle Gewaltanwendung auf Null sänke oder sogar negativ würde. Das gilt – mit einigen Einschränkungen – auch für den europäischen Westen als Ganzes. Nur ein Wahnsinniger im Kreml könnte im Westen ein bewaffnetes Abenteuer suchen. Bei Einpartei-Systemen ist es nie völlig ausgeschlossen, daß sich ein Wahnsinniger die totale Befahlsgewalt aneignet. Vorläufig ist ein solcher Wahnsinniger nicht in Sicht und die Variante »russischer Angriff im Westen« kann als extrem unwahrscheinlich bis auf weiteres vernachlässigt werden.

Demgegenüber wächst die Wahrscheinlichkeit von Tag zu Tag, daß sich der dritte Weltkrieg am persischen Golf entzündet, als Folge des Einsatzes amerikanischer Fallschirmtruppen zur Besetzung der Ölfelder. Am Sandkasten durchgespielt, sähe diese Variante vielleicht so aus. Eine Palastrevolte in Riad droht zu ähnlichen Verhältnissen zu führen, wie 1978 in Teheran. Um dieser Drohung zu begegnen, besetzen die Amerikaner die strategisch wichtigen Punkte Saudi-Arabiens. Moskau brandmarkt die USA als Aggressor und findet für diese These eine Mehrheit im Sicherheitsrat oder in der Vollversammlung der UNO. Unter süd-jemenitischer Flagge fahrende U-Boote wollen die Amerikaner daran hindern, das »geraubte« Öl heimzuschaffen, sie schießen Tanker ab und sperren die Fahrrinne von Ormuz. Um die U-Boote ihrer Basis zu berauben, zerstören die Amerikaner Aden – in den Augen Moskaus ein Aggressionsakt gegen einen Satelliten, der nicht unbeantwortet bleiben darf, soll die Hegemonialmacht ihr Gesicht wahren. Nun schießen die Russen unter eigener Flagge amerikanische Tanker ab. Wir stehen an der Schwelle zum Atomkrieg.
Wir wagen die Aussage: die Amerikaner werden diese Schwelle nur überschreiten, wenn sie ihre atomaren Sprengköpfe von Europa aus abfeuern können. An der Schwelle angelangt, widerspräche es dem amerikanischen Interesse, den Krieg solo, sozusagen für eigene Ölrechnung, zu führen. So stolperte man über die Schwelle unmittelbar in das Inferno der strategischen Atomwaffen. Der erste Schritt nach der Schwelle führt in den Bereich der

taktischen Atomwaffen. Diese aber können nicht über die Ozeane hinweg eingesetzt werden, sondern gegenüber dem Ostblock nur in Europa und im mittelasiatischen Raum. Verbündete sind dazu da, zwecks Verminderung des eigenen Risikos und Vergrößerung der eigenen Chancen eingesetzt zu werden. In einem Stadium der Eskalation angelangt, in dem man nicht mehr ohne entscheidenden Gesichtsverlust zurück kann, bleibt daher den Amerikanern gar nichts anderes übrig, als ihren Ölkrieg in Europa mittels der NATO zu führen. Gerade das widerspricht dem Interesse nicht nur der Bundesrepublik, sondern genauso dem der übrigen Nato-Mitglieder.

Mögen die militärischen Operationen der Amerikaner im mittleren Osten noch so günstig verlaufen, sie bedeuten einen Krieg, der auf diesem Schlachtfeld allein nicht zu entscheiden ist. Kriegsentscheidung: das bedeutet völlig Vernichtung des gegnerischen Verteidigungspotentials. Ob diese Vernichtung mit einem Regen von Atomsprengköpfen bewerkstelligt werden kann, ist auch heute noch eine umstrittene Frage, wenn es sich um einen riesigen, verhältnismäßig dünn besiedelten Raum handelt. Ein solcher Raum kann mit Widerstandsnestern außerhalb der Ballungsgebiete ein Verteidigungspotential ausbilden, das zuletzt doch infanteristisch ausgelöscht werden muß. Das heißt, die Kriegsentscheidung, die der amerikanische Generalstab anstreben muß, ist mit einer Front an der Südflanke des Gegners nicht herbeizuführen. Notwendig ist eine zweite Front, eine Blitzoffensive der Nato-Verbände, die das Glacis, das die westlichen Satelliten bilden, rasch

durchquert und etwa in der östlichen Ukraine die Zange mit der dorthin vorgestoßenen mittelöstlichen Armee schließt.
Gegen eine solche Möglichkeit muß der russische Generalstab Vorkehrungen treffen. Er kann nicht warten, bis sich der NATO-Aufmarsch entwickelt, er muß ihn in seinen Anfängen entscheidend stören. Er wird seine SS II Raketen nicht nur auf Verkehrsknotenpunkte richten, sondern vor allem auf die in Europa stationierten amerikanischen Atomwaffen. Je länger der Weg eines Flugkörpers von der Abschußbasis zum Ziel, desto größer die Möglichkeit, ihn abzufangen. In Europa stationierte Atomwaffen sind daher für die Russen viel gefährlicher, als alle übrigen. Werden die Russen mit den Amerikanern an irgendeinem Punkt der Erde handgemein, dann bleibt ihnen gar nichts anderes übrig, als möglichst schnell die amerikanischen Abschußbasen in Europa auszulöschen und mit konventionellen Streitkräften nachzustoßen. Gelingt dies, werden die Amerikaner das übriggebliebene Industriepotential atomor auslöschen müssen, von ihren transatlantischen Abschußbasen aus. Gelingt es nicht, bleibt die Bundesrepublik vordringliches Ziel für ihre SS II Raketen. Zuletzt könnte vielleicht der Krieg für die Amerikaner doch gewonnen werden. Die Bundesrepublik wäre jedoch ein strahlenverseuchtes Trümmerfeld.
Fazit: ein amerikanisch-russischer Ölkrieg bedeutete nicht unbedingt eine vollständige Zerstörung der Vereinigten Staaten oder der Sowjetunion, vielmehr mit einer an Sicherheit grenzenden Wahrscheinlichkeit eine Zerstö-

rung Westeuropas, vor allem der Bundesrepublik. Oberstes Ziel einer deutschen Politik müßte es daher sein, Bedingungen zu schaffen, die es gestatteten, sich aus einem russisch-amerikanischen Ölkrieg herauszuhalten. Das aber setzte voraus, daß es in Europa keine Atomwaffen unter amerikanischer Befehlsgewalt gäbe. Eine auf dem Hintergrund der bundesdeutschen Denkgewohnheiten geradezu gotteslästerliche Maxime!

Die Denkgewohnheiten stammen aus dem ersten Vierteljahrhundert der Nachkriegszeit, da die beiden Achillesfersen der beiden Supermächte noch nicht sichtbar waren. Wer sich die Ernährungslücke des Ostblocks, die sich in den letzten Jahren erst als chronisch erwiesen hat, wegdenkt, kann der Nato-Konzeption zustimmen, die von der Möglichkeit eines russischen Angriffs in westlicher Richtung ausgeht. Desgleichen kann jemand, der sich die amerikanische Öllücke wegdenkt, den amerikanischen Schutz als gefahrlos verstehen. Denn die USA sind keine aggressive Macht. Es hat sich im Fall Vietnam gezeigt, daß ihre europäischen Verbündeten ruhig außerhalb eines Konflikts bleiben können, der nur amerikanische Interessen berührt. Seitdem Washington auf die Ölkrise mit der Aufstellung einer Einsatztruppe von 100000 Mann zwecks Intervention im mittleren Osten reagierte, hat sich die Situation grundlegend geändert. Jetzt gebietet es das deutsche Interesse, in Washington ganz ruhig zu sagen: wollt ihr einen Ölkrieg führen – bitte, dann aber ohne uns. Vorsorglich treten wir aus der NATO aus, um nicht mit einer Bündnisverpflichtung belastet zu sein, die wir nicht erfüllen wollen. Der Einwand liegt nahe: Austritt aus der NATO wäre der erste Schritt zur »Finnlandisierung« der Bundesrepublik.

Das ist richtig. Deshalb: Kein Austritt aus der NATO ohne Wiedervereinigung! Das vereinigte Deutschland wäre zu groß für eine »Finnlandisierung«. Es bestünde nicht mehr die Alternative entweder Beute der Amerikaner oder der Russen zu sein, sondern im engen Verbund mit Frankreich eine dritte, bündnisfreie Kraft unter den Supermächten, fähig, sich aus ihren Händeln herauszuhalten.

Eine Beobachtung der veröffentlichten Meinungen in der Bundesrepublik mußte in Moskau zu der Ansicht geführt haben, die Deutschen hätten sich an ihre Teilung gewöhnt. Diesen Eindruck mittels den Vorleistungen der Entspannungspolitik (Kredite) gefördert zu haben, war einer der entscheidenden Fehler der deutschen Politik. Resignation ist als Mittel der Politik ebenso untauglich, wie ihr Gegenteil, das Verbeißen in unrealistische Ansprüche. Wer etwas haben will, muß etwas geben können. Politik heißt daher Aufbau einer Position, von der aus man etwas geben kann. Statt eine solche Position aufzubauen, hat sie Bonn mittels der Verzettelung seines venetianischen Potentials geschwächt. Nun aber sorgt die Hochspannung im mittleren Osten dafür, daß ohne eigenes Zutun Bonns eine Position entsteht. Wer die Gunst der Stunde nicht nützt, trägt eine ungeheure Verantwortung. Denn diesmal geht es nicht um eingefrorene Kredite, sondern um das nackte Leben der Bewohner dieses Landes. Menschen, die unter schrecklichen Umständen ihr Leben verlieren müßten, weil die Amerikaner nicht daran gehindert werden wollen, in ihren Straßenkreuzern Unmengen von Benzin zu verbrauchen. Würden sie diesen Verbrauch auf das Niveau der sechziger Jahre beschränken, benötigten sie gar nicht das mittelöstliche Öl.

Sollte sich die internationale Konstellation ändern und mit der Möglichkeit einer russischen Aggression zu rechnen sein, dann würde das gemeinsame Verteidigungsinteresse der NATO-Mitglieder auch ohne formelle Organisation neu belebt werden und zu entsprechender militärischer Vorsorge führen. Unter den Gegebenheiten der Mitte der siebziger Jahre erfüllt die NATO nur die Aufgabe, den Russen als Instrument der Propaganda zu dienen, die außerhalb des eigenen Landes möglichst viele Schurken braucht, um die Aggression von inneren Objekten ablenken zu können.

Die hohen russischen Funktionäre wissen wohl Bescheid, wie wenig Aggression hinter dem »westlichen Imperialismus« steckt. Man darf aber nicht außer acht lassen, daß die Maßstäbe, die der Mensch an die Umwelt anlegt, seinem eigenen Ich entnommen sind. Weil man selbst nach einer Niederlage ein intensives Rachebedürfnis verspürt, setzt man Revanchismus auch bei den Deutschen voraus. Daher liegt der Verdacht nahe, Zerknirschung und Servilität der Deutschen seien keineswegs echt, es verberge sich vielmehr dahinter eine geheimnisvolle List. Die Mitgliedschaft bei der NATO nährt diesen Verdacht. Da zur Gewalttätigkeit bereite Menschen stets extrem mißtrauisch sind, wird bei den Russen dieser Verdacht nie ganz ausgeräumt werden können. Immerhin bedeutete er eine Trübung des Verhandlungsklimas, die nicht größer als ohnehin unvermeidlich sein sollte.

Aus der oben versuchten Abgrenzung des deutschen Spielraumes ist auch eine Abgrenzung der den Russen zu bietenden Konzessionen abzuleiten. Ziel der Russen muß es sein, das deutsche Industriepotential so allmählich in den COMECON-Bereich einzuschmelzen, daß den Amerikanern kein Vorwand für den Einsatz nuklearer Vernichtungsmittel bleibt. Der Gewaltverzichtvertrag war der Beginn eines solchen Gewöhnungsprozesses. Mit der Zeit würden sich die Amerikaner daran gewöhnen, daß das deutsche Industriepotential dem Einfluß des Großkunden COMECON untersteht, wie sie sich an die Teilung Berlins oder Koreas gewöhnt haben. Diesen zunächst marktmäßigen Einfluß auch eines Tages machtmäßig zu sichern, würde an den sachlichen Verhältnissen nicht mehr allzuviel ändern. In diesem Falle würde aber das atomare Risiko für Washington in einem ganz anderen Licht erscheinen als heute. Vor dem Gewöhnungsprozeß wäre die Machtübernahme einer Moskau-hörigen Vasallenregierung in Bonn wahrscheinlich ein casus belli. Nach dem Gewöhnungsprozeß dürfte dies kaum noch anzunehmen sein. Der atomare »Schutz« bestünde wahrscheinlich auch dann nicht mehr, sollte die Bundesregierung im Verlauf des Gewöhnungsprozesses formell in der NATO geblieben sein.

Die Möglichkeit, den Russen das zu verkaufen, was sie für

die Milderung der Deformation ihres Industriepotentials brauchen und ihnen die Dollarmilliarden zur Verfügung zu stellen, mit denen sie der dringendsten Sorgen auch bezüglich ihres Ernährungspotentials enthoben wären, dieser Möglichkeit der deutschen Politik sind Grenzen gezogen. Für Japan bestehen solche Grenzen nur insoweit, als es auf China Rücksicht nehmen muß. Es kann nicht verschlungen werden, es ist zu groß. Die Bundesrepublik könnte nicht nur verschlungen werden, es wäre aus der Sicht der alten orthodoxen Herren des Kremls sogar der Abschluß des Gewöhnungsprozesses mit einer Machtergreifung in Bonn logisch. Denn anders als durch polizeiliche und militärische Präsenz erscheint den traditionell mißtrauischen Funktionären die Verfügungsgewalt über das bundesdeutsche Industriepotential nicht als unbedingt sicher. Man kann sich auf den Eifer der Politbüro-Mitglieder verlassen, daß der Exekutive eine solche »Endlösung« des deutschen Problems zur Pflicht gemacht wird, sobald das Risiko klein genug wäre. Der Gewöhnungsprozeß widerspricht daher einem kardinalen Interesse der Bundesdeutschen.

In rohen Größenordnungen ausgedrückt: ohne Wiedervereinigung kann Bonn den Russen für entsprechende politische Konzessionen eine oder zwei Dollarmilliarden bieten, es kann ihnen aber nicht 15 oder 20 Dollarmilliarden bieten. Dieser Effekt wurde verzettelt.

Soll man aber überhaupt etwas bieten? Da sich die Welt an den status quo in Europa so gewöhnte, daß eine Änderung kaum noch vorstellbar erscheint, konnte die Meinung ent-

stehen, der beste Verbündete des Kreml sei die Zeit. Inzwischen hat aber die Zeit die Partei gewechselt. Sie ist dabei, die Position der Sowjetunion zu schwächen. Das sozialistische Agrarsystem erweist sich als extrem wetterempfindlich. Die Getreidemärkte der westlichen Welt beginnen sich auf die Sowjetunion als Haussefaktor einzustellen. In den Preisen der russischen Exportgüter ausgedrückt, wird die Deckung der Ernährungslücke im Westen immer kostspieliger. Sie verzehrt die Devisenerlöse, die für industrielle Ausrüstungsgüter gebraucht werden. Der Import der letzteren wird daher in zunehmendem Maße durch Kredite finanziert. Hatte sich früher die Sowjetunion vor Kreditverpflichtungen an den Westen gehütet, hört man jetzt immer häufiger von mittelfristigen Finanzierungen russischer Maschinenkäufe durch westliche Bankkonsortien. Mit welchen Mitteln sie einst zurückgezahlt werden sollen, interessiert niemand. Die Gläubiger sichern das Risiko im Wege der verschiedenen Systeme der Exportkreditversicherung bei ihren eigenen Regierungen ab. Die in vier, fünf oder sechs Jahren fälligen Kredite werden nur bezahlt werden können, wenn es Rußland dann gelingt, neue Kredite aufzunehmen.
Es ist daher mit einer immer mehr anschwellenden Kreditnachfrage aus dem Osten zu rechnen. Denn die Zeit drängt, da die Chinesen ihren Rückstand in der Industrialisierung ebenfalls mit Kredithilfe aufholen. Auch Peking hat die einstige vornehme Zurückhaltung bei der Kreditinanspruchnahme aufgegeben. Die Russen können es sich einfach nicht leisten, Projekte aus Devisenmangel zurück-

zustellen, weil sie sich sonst bei gewaltsamer Durchsetzung der Breschnew-Doktrin in Peking verbluten würden. Das heißt, sie werden die Notwendigkeit der Finanzierung ihres industriellen Nachholbedarfs je länger desto heftiger empfinden und der Preis, den sie hierfür zu zahlen bereit sein werden, wird steigen, ihre Zwangslage ist offenkundig: gelingt es nicht, in Peking das Modell »Prag August 1968« in gigantischer Vergrößerung durchzusetzen, dann wird man mit einem gestärkten China um die Bodenschätze Sibiriens kämpfen müssen.

Diese Zwangslage wird keineswegs entscheidend gemildert durch den vor Afghanistan so großen Eifer amerikanischer Firmen, sich am Rußlandgeschäft zu beteiligen. Die industriellen Kapazitäten, die die USA dem russischen Nachholbedarf zur Verfügung stellen könnten, sind gewiß unvergleichlich größer als die deutschen. Es wäre denkbar, daß die Regierung in Washington die theoretisch mittelfristigen, praktisch jedoch unendlich-fristigen Lieferkredite verbürgt, weil ohne eine solche Bürgschaft die Firmen das Risiko des Russengeschäfts nicht tragen könnten. Mit dem Finger auf dem Bürgschaftshahn könnte die Regierung den Umfang der Lieferungen jeweils so regulieren, daß es zu keiner allzu großen Überlegenheit der Russen über die Chinesen kommt.

Es gibt aber außer Afghanistan gegen große amerikanische Rußlandlieferungen eine andere, viel wichtigere Hemmnis. Wollen die Amerikaner nicht auch die Reste ihres venezianischen Potentials zerstören, müssen sie, wie bereits dargelegt, ihre Zahlungsbilanz zumindest ins Gleichgewicht bringen. Das setzt eine Rückkehr zu effektiv bezahlten Handelsbilanzüberschüssen voraus, wie sie in den Jahren vom Ersten Weltkrieg bis 1970 traditionell waren. Exporterlöse, die nicht bezahlt, sondern kreditiert werden, nehmen sich statistisch zwar sehr schön aus, sie tragen aber nicht zur Festigung der Position der betreffenden Währung an den Devisenmärkten bei. Solche Beiträge können nur in harter Währung bezahlte Exporterlöse liefern. Auf sie ist Washington angewiesen, je störrischer seine Öl-Lieferanten werden, desto mehr.

Die Amerikaner würden ihren Interessen zuwider handeln, wollten sie ihre industriellen Kapazitäten mit unbezahlten Rußlandlieferungen beschäftigen, statt mit effektiv bezahlten Exporten. Zur Zeit mag ihre Einsicht noch zu sehr von Hybris verdunkelt sein. Aber die Achillesferse der USA, die Energielücke, wird das Gesetz des Handelns in Washington diktieren, sobald offenkundig wird, daß man für im Überfluß zirkulierende Papierdollar nicht mehr kostbares Öl kaufen kann. Das Projekt, russisches Erdgas verflüssigt nach den USA zu verschiffen, ist gewiß nicht unrealistisch. Aber es kann nicht so große Mengen bewegen, daß dadurch die Abhängigkeit der USA von Öl-Importen nennenswert verringert würde.

»Die Aufgabe der Politik liegt in der möglichst richtigen Voraussicht dessen, was andere Leute unter den gegebenen Umständen tun werden«, schreibt Otto von Bismarck in seinen »Gedanken und Erinnerungen«, Buch III, Kapitel 12. Dank dem ungeheuren Fortschritt der Statistik kann man heute diese Voraussicht auf Zahlen stützen. Die

Zahlen enthüllen eine geradezu atemberaubende finanzielle Schwächung der USA. Daher ist vorauszusehen, was sie tun werden, sobald – gegen den Widerstand ihrer Hybris – das ganze verheerende Ausmaß ihrer Schwächung in ihr Bewußtsein gedrungen sein wird. Für Resignation sind sie noch zu jung und kräftig. Sie werden daher die Hemdsärmel aufkrempeln und Anstrengungen unternehmen, um den Schwächezustand zu überwinden.

Die möglichen Ziele dieser Anstrengungen sind eindeutig bestimmbar. Das Passivum der Zahlungsbilanz darf nicht weiterhin den Dollarüberfluß in der Welt vermehren, vielmehr soll ihn ein Aktivum der Zahlungsbilanz vermindern. Dieses Aktivum darf nicht nur eine statistische Scheingröße sein, es muß effektiv bezahlt werden. Daher müssen sich die Anstrengungen darauf konzentrieren, den amerikanischen Export nach den Hartwährungsländern zu steigern und den Import von dort zu verringern. Importverringerung ist nicht im Bereich der lebensnotwendigen Rohstoffe zu erzielen. Deshalb müssen die Importe von Fabrikaten drastisch vermindert werden, wenn es nicht marktkonform geht, dann dirigistisch.

Das läuft auf einen Zustand der Beziehungen zwischen den USA und ihren industriellen Freunden hinaus, den man früher »Handelskrieg« nannte. Es hat keinen Sinn, die Amerikaner mit erhobenem Schulmeisterfinger vor den Folgen zu warnen, die einträten, wenn sie das tun, was sie tun müssen. Die inflationäre Scheinblüte der kapitalistischen Weltwirtschaft geht zu Ende. »Zerrüttung« oder »Währungschaos« sind Zustände, mit denen man rechnen muß. Man wird lernen, mit ihnen zu leben. Da in solchen Entwicklungen jedem das Hemd näher ist als der Rock, werden die nationalen Egoismen noch dominierender sein als bisher, begleitet von liberalen Beschwörungen und Appellen, die den Nachbarn beeindrucken und vom eigenen Tun ablenken sollen. Der supranationale Enthusiasmus der Bundesdeutschen bleibt nicht nur unerwidert, er wird sogar zunehmend unzeitgemäß.

Die EWG, diese Mähdreschergenossenschaft, die nie ein Wir-Gefühl begründen konnte, wird nur von der Gemeinsamkeit der antiamerikanischen Interessen zusammengehalten. Die gemeinsame Angst vor den Russen (denen man spottbillig überschüssige Butter liefert) wird sorgfältig auf den Nullpunkt manipuliert. Je handelskriegsähnlicher die Beziehungen mit den USA werden, um so mehr wird in Europa der Antiamerikanismus um sich greifen. Niemand wird die amerikanische Zwangslage verstehen wollen, und die Mehrheit wird den Gedanken für absurd halten, Europa müßte die Stärkung der USA auch um den Preis von Opfern herbeiwünschen, weil sonst Moskau das atomare Risiko vernachlässigungswürdig erschiene.

Das alles sind Zwangsläufigkeiten, die dem bundesbürgerlichen Wunschbild von seiner Umwelt arg widersprechen, vor welchen daher die westlich orientierte öffentliche Meinung die Augen verschließen wird. »Was andere Leute (die Supermächte) unter den gegebenen Umständen tun werden«, ist aber voraussehbar. Sie werden jemanden suchen, auf dessen Kosten sie ihre Interessen wahren können. Nach der Tradition der letzten Jahre bietet sich für diese Rolle die Bundesrepublik an. Ihr Interesse allerdings erfordert es, diese Rolle keineswegs weiter zu spielen, weil sie so auf einen Weg geriete, der den amerikanischen Isolationismus bis zur Unglaubwürdigkeit der atomaren Abschreckung steigerte, womit das kardinale Gebot für ihre Sicherheit verletzt wäre.

Das Fortschleppen der Dollarschwäche fördert den amerikanischen Isolationismus; je länger, desto nachhaltiger. Erfahren die Amerikaner immer wieder von neuem, wie sehr sie auf die Gnade der Shylocks in Europa und in Mittelost angewiesen sind, müssen sie eines Tages ihre »Freunde«, die Gläubiger, zum Teufel wünschen. Man würde ihnen dann ein atomares Wagnis nicht begreiflich machen können.

Daher wäre ein schmerzhafter operativer Eingriff, mag er auch zu handelskriegsähnlichen Zuständen führen, das kleinere Übel. Man kann sich auch in einem Handelskrieg zusammenraufen.

Weil ein deutsches Stillhalten das Fortschleppen der Dollarschwäche ermöglichte und die Mißbildung schließlich inoperabel machte, widerspricht es den deutschen Interessen, die Objektrolle beizubehalten.

Die Amerikaner müssen sich darüber klar werden, daß die bundesdeutschen Interessen nur insoweit mit den ihrigen parallel laufen, als es um die Glaubwürdigkeit der nuklearen Abschreckung und die Hoffnung geht, letztere möge nie zur Anwendung kommen müssen. Darüber hinaus gibt es nur Interessengegensätze. Gewiß hätte auch ein im westlichen Sinne wiedervereinigtes Deutschland dieselben

Interessen. Aber es wäre für den Fall, daß der Isolationismus in den USA einmal dominiert, nicht mehr eine leichte Beute der Russen. Es wäre vielmehr ein souveräner Partner der Russen, fähig zu einer Politik nach dem Modell von Rapallo 1922, ohne in die Gefahr des Verschlungenwerdens zu geraten. Die amerikanische Präsenz in Europa wäre damit überflüssig. Die Amerikaner stellen diese Präsenz gern als »Last« hin. Die »Last« bedeutet aber eine Machtposition, die man nicht gern aufgibt, zumal es für Washington unkalkulierbar ist, welche Tücken eine Rapallo-Orientierung eines wiedervereinigten Deutschland bergen mag.

Die Amerikaner werden mit der Zeit begreifen, daß für ihre nonchalante Art der Finanzierung des Vietnamkrieges später aber doch ein hoher Preis fällig wird. Ihre Spekulation, die Gläubiger würden den Dollar halten, weil ein Verfall des Dollars ihren eigenen Exportinteressen zuwiderliefe, kann auf lange Sicht nicht aufgehen. Schnitte sich auch die Bundesbank mit der Rußland gewährten Dollar-Milliarde insofern ins eigene Fleisch, als der »Rücklauf der Katze in den Sack« den Dollarkurs drückt und damit dem deutschen Export wie dem Bilanzstatus der Bundesbank schadet, so steht diesem Schaden doch der Nutzen der durch dieselbe Milliarde ermöglichten zusätzlichen Rußlandaufträge für die deutsche Industrie gegenüber. Eine solche Transaktion würde die Zornesader an der Stirn eines am amerikanischen Export interessierten Industriellen anschwellen lassen, während sein am Rußlandgeschäft interessierter Kollege ihr von ganzem Herzen zustimmte.

Wer diese Transaktion zu Ende denkt, wird finden, daß sie ökonomisch keineswegs alarmierend ist. Es wird lediglich ein effektiv nicht zahlender Kunde mit einem anderen ebensowenig effektiv zahlenden Kunden vertauscht.

Ob nun das VW-Werk einen Wagen nach den USA oder nach Rußland verkauft – bezahlt wird er weder aus dem amerikanischen, noch aus dem russischen Sozialprodukt, sondern aus der Geldschöpfung der Deutschen Bundesbank. Nimmt diese keine Dollar entgegen, kann der amerikanische Kunde des VW-Werks nicht bezahlen. Kreditiert sie nicht der russischen Importorganisation D-Mark durch irgendeine Zwischenstelle, dann kann auch diese das VW-Werk nicht bezahlen.

Die 2,7 Milliarden D-Mark Ausfuhrüberschuß der Bundesrepublik im Verkehr mit den USA 1978 (1971 waren es nur 0,7 Milliarden) bezahlte die Deutsche Bundesbank, indem sie den Turm ihrer Dollarguthaben noch höher stapelte. Die Sanierung des Dollars bedeutet daher einen deutschen Exportverzicht von jährlich mindestens drei Milliarden D-Mark, wahrscheinlich aber mehr, da die USA einen Überschuß mit den Hartwährungsländern ansteuern müssen und nicht allein einen Ausgleich der Handelsbilanz. Je weiter man diese Sanierung verschiebt, desto größer wird der mit Zins und Zinseszins zu bewältigende Saldo. Da ein Ende mit Schrecken besser ist als ein Schrecken ohne Ende, entspricht die Aufkündigung der währungspolitischen Vasallentreue den deutschen Interessen. In der Sicherung zusätzlicher russischer Bestellungen im Wege der Dollarmilliarden liegt keine Heimtücke,

sondern eine normale Interessenwahrung. Wer Vertrauen erwecken will, muß dies allerdings offen sagen.
Viele Katzen aus dem Dollarsack der Bundesbank zu lassen ohne Wiedervereinigung, wäre allerdings zu riskant. Ein großer, ja wachsender Appetit der Russen muß vorausgesetzt werden. Auch ihre Position, nicht nur die der USA wird schwächer. Die für sie sehr gefährliche chinesische U-Bootflotte wächst, desgleichen die Reichweite der von China entwickelten Raketen. Eines Tages wird sich Peking nicht mehr damit begnügen, dem Kreml Feigheit verbal vorzuwerfen, wie Tschu en-Lai in einem Interview mit dem ägyptischen Chefredakteur Haikal im Februar 1973. Es wird sich zu direkten Herausforderungen stark genug fühlen. Damit wird für die Russen eine den chinesischen Raketen entrückte industrielle Basis lebenswichtig. Welchen Preis werden einmal hierfür die Männer des Politbüros zu zahlen bereit sein?
Man kann es heute noch nicht wissen. Sicher jedoch ist es, daß dieser Preis steigen wird und daß die Bundesregierung den Gewaltverzichtsvertrag zu früh und daher zu billig verkaufte. Hätte die Bundesrepublik auch Regierungen gehabt, die ihre Interessen wahren wollten, sie hätten mit Rücksicht auf die Amerikaner nicht tun dürfen, was sie für richtig hielten. Um dies tun zu dürfen, muß ein Land so groß sein, daß es sich nicht mehr zur Beute eignet, weder für die eine noch für die andere Supermacht. Daher ist das Wiedervereinigungsanliegen keineswegs eine sentimentale Angelegenheit. Es ist ein Ziel, das Opfer rechtfertigt, weil ohne diese Opfer für die Bundesbürger in einem dritten

Weltkrieg wenig Überlebenschancen bestehen. In der ersten Auflage dieses Buches vor 7 Jahren war die Gefahr, die den Bewohnern der Bundesrepublik aus dem mittleren Osten drohte, erst angedeutet worden. Inzwischen liegt sie wie ein drohender Schatten bereits über der nächsten Zukunft. Seitdem die Amerikaner mit Flottenkonzentrationen im Indischen Ozean und Persischen Golf demonstrieren, daß sie bereit sind, wegen dem mittelöstlichen Öl Krieg zu führen, und seitdem die Russen mit ebensolchen Flottenbewegungen auf die Demonstration reagieren, lastet über Europa die Aussicht, Schauplatz des dritten Weltkrieges zu werden, wie ein Alptraum. Denn eines ist klar: wird ein Krieg begonnen, eskaliert er bis zur Entscheidung und die Entscheidung ist in Mittelost nicht herbeizuführen, sondern wenn überhaupt, dann in Europa. Unterstellen wir die wahrscheinlichste Variante: Das Regime des Ayatollah Khomeini wird mit dem von ihm hervorgerufenen wirtschaftlichen Chaos nicht fertig, die enttäuschten Menschen werfen sich in die Arme der kommunistischen Tudeh-Partei, es kommt zu einer zweiten Revolte, eine kommunistische Gegenregierung etabliert sich, die die Russen zum Einmarsch ruft. Was tun in diesem Fall die Amerikaner? Sie haben inzwischen die berühmte Eingreifreserve von 100000 Mann aufgestellt. Werden sie diese 100000 Mann im Iran zur Unterstützung der von ihnen für legal gehaltenen Regierung einsetzen und die russischen Eindringlinge mit Maschinen ihrer Flugzeugträger bekämpfen? Oder werden sie die 100000 Mann daheim lassen, ihre Kriegsschiffe abziehen? Tun sie das, dann riskieren sie ein Übergreifen der Revolte auf Saudi-Arabien, womit sie von ihrem wichtigsten Ölversorgungsgebiet abgeschnitten wären. Tun sie das nicht, riskieren sie den dritten Weltkrieg in einer aussichtslosen Anfangsposition. Ihre 100000 Mann mit ihren ungeheuer weiten (16000 km) und gefährdeten Nachschublinien stünden binnen weniger Tage einer halben Million Russen mit kurzen und gesicherten Nachschublinien gegenüber. Ein zweites Dünkirchen am Persischen Golf wäre das Resultat.

Inwiefern ein solches Ergebnis durch taktische Atomwaffen (Neutronenbombe) modifiziert werden kann, wissen selbst Fachleute nicht klar zu sagen. Fest steht nur, daß ohne Einsatz von Atomwaffen die Lage der Amerikaner hoffnungslos wäre und daß sie daher diesen Einsatz wagen müssen, auch auf die Gefahr hin, daß die Eskalation zum Einsatz strategischer Atomwaffen führt. Zu einem Ende ist jedenfalls der Krieg im mittleren Osten nicht zu führen. Es ist unvorstellbar, daß von dieser Basis aus eine Offensive vorangetragen werden kann, die in die Kerngebiete des Gegners führt und diesen zum Nachgeben zwingt. Als Ausgangsbasis für kriegsentscheidende Operationen eignet sich nur Europa, von den Alpen bis zum Nordkap. Die Flotten- und U-Bootbasis Murmansk müßte ausgeschaltet werden und von Mitteleuropa über die befreiten Satelliten hinweg ein Angriff Richtung Moskau und das ukrainische Industriegebiet vorgetragen werden. Es ist schwer vorstellbar, daß ohne taktische Atomwaffen ein solcher Angriff Chancen hätte.

Kriege werden in der Absicht geführt, sie zu gewinnen. Der gegnerische Generalstab hat die Aufgabe, ein Konzept zu entwickeln, das von verschiedenen Varianten der Absichtsverwirklichung ausgeht und diese verhindert. Um den Krieg gewinnen zu können, brauchen die Amerikaner eine zweite Front in Europa, d.h. der in Mittelost begonnene Krieg muß ein Krieg der NATO werden, sonst hat es überhaupt keinen Sinn, ihn zu beginnen. Das muß auch den Russen bekannt sein. Sie müssen ferner wissen, daß ihnen die europäischen Raketenabschußbasen wegen der größeren Zielgenauigkeit gefährlicher werden können als alle anderen. Diese Gefahr auszulöschen muß ihr oberstes operatives Ziel sein, sobald Kampfhandlungen in Mittelost einmal begonnen haben. Offenbar im Hinblick auf dieses Ziel halten die Russen eine überlegene Truppenmacht im Westen, von der sie annehmen, daß sie die gegnerischen Streitkräfte in den Atlantik drängen können. Den Rückzug der NATO-Truppen kann man sich nicht wie einen Spaziergang vorstellen. Es wird hier mit Sicherheit zum Einsatz taktischer Atomwaffen kommen, um den Russen das Vordringen zu erschweren, wobei man beim amerikanischen Oberkommando kaum Skrupel bezüglich der unvermeidlichen Verluste der Zivilbevölkerung in diesen dicht besiedelten Gebieten erwarten kann. Gesetzt nun, den Russen gelänge es, den NATO-Truppen ein zweites, auf verschiedene Atlantikhäfen aufgesplittertes Dünkirchen zu bereiten: was hätten sie davon? Okkupiert wäre ein verwüstetes Gebiet, ein zerstörtes Industriepotential, auf lange Zeit unbewohnbar. Sollen die

Überlebenden Aufräumungsarbeiten leisten, müßten sie ernährt werden. Nahrungsmittel haben aber weder die Sowjetunion noch die Satelliten übrig.

In den beiden ersten Jahrzehnten ihres Bestehens hatte die NATO ihre Berechtigung. Damals hatte die Sowjetunion noch Nahrungsmittel für ihre westlichen Satelliten übrig, sie brauchte keine überseeischen Getreidelieferungen. Die theoretische Möglichkeit mußte in Rechnung gestellt werden, daß sich die Falken im Kreml durchsetzen und im Westen bis zum Atlantik »reinen Tisch« machen, um keinen Zweifrontenkrieg führen zu müssen, sobald die Chinesen aufgerüstet haben. Die russischen Ernährungsschwierigkeiten haben diesem Konzept die Grundlage entzogen. Das Erreichen des operativen Ziels »Atlantikküste« würde die Ernährungsschwierigkeiten ungeheuer vergrößern und die Mißstimmung der Bevölkerung zur Siedehitze steigern. Mit hungernden Truppen ist gegen China kein erfolgreicher Krieg zu führen. Das muß dem russischen Generalstab bekannt sein.

Wie das amerikanische Getreide-Embargo durchlöchert wird, läßt sich bereits beobachten. Als Käufer treten europäische Handelsfirmen auf, die Schiffe sind nach Hamburg oder Rotterdam adressiert. Dort wird das Getreide in russische Schiffe umgeladen und schwimmt in die Sowjetunion. Die Amerikaner können gegen diesen Schleichhandel praktisch nichts unternehmen, weder auf der Route über Europa noch der über Japan. Die Blockade müßte sich ausnahmslos über Europa und Japan erstrekken. In Friedenszeiten ist dies unvorstellbar. Aber auch ein auf die USA und die Sowjetunion beschränkter Krieg in Mittelost könnte nicht alle Schleichhandelswege unterbrechen. Die Russen hätten ein lebenswichtiges Interesse an ihnen und damit an der Unversehrtheit der nicht Krieg führenden NATO-Staaten.

Die Amerikaner könnten argumentieren: gewiß betreffen die Bündnisverpflichtungen der Westeuropäer nicht den Mittelost-Bereich, sie würden keineswegs vertragsbrüchig, wollten sie einen dortigen Krieg den Amerikanern allein überlassen. Aber das Mittelost-Öl wäre für Westeuropa ebenso lebenswichtig wie für die USA. Und damit wäre eine gemeinsame Kriegführung gerechtfertigt. Ist Autofahren lebenswichtig? Für den amerikanischen »way of life« vielleicht, unterstellt man, es sei ein auf Massenverkehrsmittel angewiesenes Leben nicht lebenswert. Für den Ernstfall erscheint aber eine solche Unterstellung zu wirklichkeitsfremd. Im Ernstfall will jeder überleben, mit oder ohne Auto. Schränkten die Amerikaner ihren Autoverkehr um die Hälfte ein, würden sie ohne das »lebenswichtige« Mittelostöl überleben können. Ist es zu rechtfertigen, daß die Europäer das Risiko atomarer Verwüstung eingehen, nur weil die Amerikaner ungestört Auto fahren wollen? Die Amerikaner haben in zwei Weltkriegen recht bequem außerhalb der Schußweite gelebt, sie haben daher eine ähnliche Vorstellung auch von einem fern von ihren Küsten zu führenden dritten Weltkrieg. Denn das, was ihre Illustrierten an atomaren Gruselstories bieten, erscheint ihnen als »science fiction«, nicht als realistische Drohung. Sie sind bestimmt nicht kriegslüstern.

Aber unter der russischen Herausforderung muß ihre Regierung so tun, als ob sie einen bewaffneten Zusammenstoß nicht fürchtete. Auf diese Weise kann leicht eine Situation entstehen, in der die Regierungen den bewaffneten Zusammenstoß riskieren müssen, wenn sie das Gesicht nicht verlieren wollen. Das ist die Gefahr, in der Europa schwebt.

Die Amerikaner haben schon wiederholt Verbündete sitzen gelassen, wenn ihre weitere Unterstützung ihren Interessen widersprach. Es wird für sie ein Schock sein, ebenso sitzen gelassen zu werden, wie einst Südkorea, Südvietnam, Taiwan. Um ihnen Zeit zu lassen, von dem Schock zu realistischer Betrachtung der Lage hinüberzufinden, ist es notwendig, sie so früh wie möglich über die europäischen Absichten zu informieren. Was Frankreich betrifft, ist diese Absichtslage klar. Die Franzosen sind nicht an den NATO-Pakt gebunden, sie haben auf ihrem Territorium weder amerikanische Truppen noch Raketenbasen. Die Deutschen, die bisherigen Objekte des Geschehens, sind in einer komplizierteren Lage. Sie wären töricht, wollten sie für sich denselben Status wie Frankreich, ohne dafür massive russische Gegenleistungen einzuhandeln. Die Gegenleistung kann nur sein: freie Wahlen in der DDR, Rückruf der russischen Truppen und Funktionäre in demselben Maße, in dem amerikanische Truppen und Funktionäre das Gebiet der Bundesrepublik verlassen. Das wäre zwar noch keine Wiedervereinigung, aber doch der erste und wichtigste Schritt in dieser Richtung. Alles Weitere hinge von der frei gewählten Regierung in Pankow ab, von der anzunehmen ist, daß ihre parteimäßige Zusammensetzung etwa der des Berliner Stadtparlamentes entspräche. Eine von einer Mehrheit des Wählerwillens getragene Regierung in Pankow würde wahrscheinlich nicht viel anders aussehen als der Westberliner Senat und das wäre bereits die Wiedervereinigung. Sie erfordert keineswegs eine Rückkehr zum Kapitalismus. Eine Symbiose privatkapitalistischer Marktwirtschaft in der BRD und staatskapitalistischer Marktwirtschaft in der DDR ist sogar bei gemeinsamer Währung recht gut vorstellbar, wenn der stärkere Partner, die Bundesrepublik, die stärkeren Ellenbogen der westdeutschen Verkaufsmanager daran hindert, den Markt der DDR »zu erobern« und die unrationellen volkseigenen Betriebe zugrunde zu richten.

Die außenpolitischen Interessen der Regierungen in Bonn und Pankow können nur vom gemeinsamen Interesse der Nation bestimmt werden: größtmögliche Absicherung gegen die Gefahr, Schlachtfeld der Supermächte zu werden – daher Bündnisfreiheit und Abzug aller fremden Truppen.

Nur die bekannte Hypertrophie russischen Mißtrauens hindert den Kreml daran, die Vorteile einer solchen Lösung zu sehen. Wer im Politbüro klar denkt, redet zwar das übliche Polit-Chinesisch. Insgeheim muß er aber wissen, daß das Programm »Weltrevolution« aus zwei Gründen hinfällig wurde:

1. Bei der Rivalität des Kommunismus Moskauer und Pekinger Prägung kann jederzeit eine revolutionäre Be-

wegung der Kontrolle des Kremls entgleiten und Peking stärken.

2. Jede weitere Vergesellschaftung der Produktionsmittel verkürzt die Ernährungsdecke der ganzen Welt. Da sich die kommunistischen Länder aller Konfessionen trotz ihres überwiegenden agrarischen Charakters nur mit Hilfe von Nahrungsmittelimporten aus kapitalistischen Ländern ernähren können, werden ihre Ernährungsschwierigkeiten größer, wenn infolge revolutionärer Ereignisse die Lieferfähigkeit kapitalistischer Länder verringert würde. Daher ist das Schlagwort »Weltrevolution« nur als Instrument des Weltbürgerkrieges brauchbar. Es stärkt das eigene ideologische Potential und schwächt das des Westens. In einem größeren als vietnamesischen Rahmen angewandt, könnte es sich als Bumerang erweisen. Der Kapitalismus muß geschwächt werden, er soll aber am Leben bleiben, weil ihn der Kommunismus zur Deckung seiner Ernährungslücke braucht.

Setzt man (nach dem Ausscheiden Suslows und seiner Freunde) vernünftige, die Interessen ihres Landes kühl abwägende Männer im Kreml voraus, ist die Befriedung Mitteleuropas kein unlösbares Problem. Diese Männer müssen wissen,

a) daß es den deutschen Revanchismus nicht gibt;
b) daß eine großzügige Industrialisierung Chinas mittels westlicher Kredite in einem Jahrzehnt die Konfrontation mit dem militärischen Potential einer Milliarde Chinesen unvermeidlich macht;

c) daß das Kreditvolumen des Westens nicht unbeschränkt expansionsfähig ist, weshalb ein Zuwachs der Chinakredite zwangsläufig wenigstens mit einer relativen Beschränkung der Rußlandkredite verbunden sein muß;
d) daß deshalb nicht nur der Nahrungsmittelimport aus dem Westen, sondern auch der von Technologie wird eingeschränkt werden müssen, was nicht ohne negative Folgen für das militärische Potential bleiben kann;
e) daß für den Fall eines Zusammenstoßes mit den Amerikanern im mittelöstlichen Ölgebiet eine zweite Front in Mitteleuropa die Chancen der Russen verringern und die der Amerikaner vergrößern würde, auch für den Fall, daß die Russen bis zum Atlantik vorstießen. Das von den Amerikanern atomar zerstörte Mitteleuropa brächte den Russen nur Probleme und keinen Nutzen. Im Endergebnis würde die intakte Atommacht China der atomar arg beschädigten Sowjetunion das Gesetz des Handelns diktieren können.

Als Ergebnis einer solchen Analyse erscheinen die westlichen Satelliten aus Moskauer Sicht als Größen, deren Beutewert negativ wurde. Braucht man im Westen Ruhe und keinen Krieg, dann sind die Satelliten als Glacis bedeutungslos, zumal sie angesichts ihrer überwiegend rußlandfeindlichen Bevölkerung militärisch in vorderster Linie unbrauchbar sind. Durch ihre bloße Existenz schwächen sie aber dauernd das dringend benötigte Devisenaufkommen der Sowjetunion, weil diese sie mit Öl versorgen muß. Aus all dem resultiert für Moskau die kardinale Fra-

ge: was tun, damit im Westen, in Mitteleuropa, die Ruhe auch im Falle eines Ölkriegs gesichert ist?
Unter diesem Gesichtspunkt bedeutete die Wiedervereinigung Deutschlands für Moskau eine Entlastung. Die Devisen zur Bezahlung der Nahrungsmittelimporte der DDR kämen aus der prall gefüllten Kasse der Bundesbank, Moskau würde sie ersparen und zu anderen Käufen verwenden können. Der Verzicht auf die Beute der DDR würde mehr als aufgewogen durch die Möglichkeit, sich auf ein fünfmal so großes Industriepotential stützen zu können, friedlich und ohne Vorwand für ein nukleares Eingreifen der USA, gesichert nicht durch brutale Macht, sondern allein durch das Gewicht als größter der großen Kunden.
Die Bereitschaft der Russen zu einem solchen für sie so vorteilhaften Geschäft wird nicht zuletzt davon abhängen, wie hoch sie die Chancen des oben skizzierten politischen Konzepts einschätzen. Das Mißtrauen russischer Unterhändler wird verständlich, wenn man bedenkt, wie sorgfältig sie darauf achten müssen, ihren Rivalen im Politbüro keine Angriffsfläche zu bieten. Hat sich eine Absicherung irgendeiner russischen Machtposition als unzureichend erwiesen, kann daraus dem Verantwortlichen ein Strick gedreht werden. Ein Konzept der polizeilichen und militärischen Sicherung der gesamten deutschen Beute wird daher im Politbüro aussichtsreicher vertreten werden können, als ein solches der Preisgabe der Beute DDR für ein Lösegeld, das wohl bar bezahlt wird, dessen Nachwirkungen doch höchst unsicher sind.

Was geschieht, so könnte man fragen, wenn die Tschechen, Slowaken, Polen, Ungarn, Bulgaren unruhig werden und ebenfalls freie Wahlen wollen? Es ist schwer vorstellbar, daß das Beispiel DDR nicht bei den übrigen östlichen Satelliten zünden sollte.

Für Ideologen, deren Vernunft durch theoretische Wunschvorstellungen getrübt ist, wäre ein Abfall von der allein seligmachenden Lehre gewiß entsetzlich. Die alten Herren im Kreml, die noch an die Weltrevolution glauben, könnten sich mit solch häretischen Vorstellungen nicht befreunden. Ihre Nachfolger jedoch werden sich möglicherweise darüber klar sein, daß der Marxismus-Leninismus, wo immer er in der Welt praktiziert wird, Tausende Menschen auswanderungswillig macht, aber nicht einen Einwanderer anlockt. Der Entwicklungstrend geht offenkundig in ganz andere Richtung als Marx und Lenin träumten. Kein Machthaber im Kreml kann den Marxismus-Leninismus entbehren. Es ist aber gut ein Kardinalskollegium vorstellbar, dessen Mitglieder streng das Ritual der alleinseligmachenden Lehre wahren, die aber genau wissen, daß dies nur als Mittel zum Zweck der Machterhaltung notwendig ist. Für solche Pragmatiker, die unter vier Augen über das Ritual lächeln, kann eine Demokratisierung der westlichen Satelliten durchaus vorteilhaft erscheinen. Frei gewählte Regierungen in Prag oder Warschau werden keineswegs ins westliche Lager abschwenken und ihr militärisches Potential wird bestimmt nicht gegen Rußland eingesetzt werden können. Denn diese Länder müssen zu sehr mit dem »deutschen Revanchismus« rechnen, mag es ihn auch gar nicht geben. In der Vorstellung ihrer Regierungen würde ein wiedervereinigtes und daher starkes Deutschland binnen kurzem Appetit auf die 1945 verlorenen Gebiete entwickeln. Das heißt, die frei gewählten Regierungen würden ihre Rückendeckung im Warschauer Pakt nicht aufgeben, sondern weiterhin Verbündete der Sowjetunion bleiben, wenngleich unter defensiven Voraussetzungen. Die zunächst antisowjetische Stimmung, nach der »Befreiung« mag sich innerpolitisch auswirken, außenpolitisch bleibt gar keine andere Möglichkeit, als das Verharren im sowjetischen Bündnissystem. Hinzu kommt für Moskau ein Vorteil, der immer größeres Gewicht erhalten wird, sein Öl gegen Devisen verkaufen zu können, statt den Satelliten gegen Verrechnung.

Ängstliche Bundesbürger vertreten häufig die Meinung, ein wiedervereinigtes Deutschland würde von dem Gebiet der DDR her kommunistischen Einflüssen unterliegen, als deren Ergebnis die Macht der Linken zunähme. Diese Meinungen übersehen, daß eine Bevölkerung, die den Kommunismus praktisch erlebt hat, von ihm genug hat, ausgenommen freilich die Funktionäre, die ihre Positionen verlieren. Die moralische Qualifikation der Politik des Westens würde hinfällig werden, wenn die kommunistisch regierten Menschen wirklich mit ihrem System zufrieden wären. Niemand hätte das Recht, diese Zufriedenheit zu stören. Jeder Kenner der Verhältnisse aber weiß, daß es sie nicht gibt, wenngleich Meinungsumfragen und Statistiken nicht vorliegen können. Freilich kann die Empfänglichkeit des Westens für den Extremismus nur wachsen, obwohl die Wahlstatistiken das Gegenteil zu beweisen scheinen. In diesen Statistiken zählt die Stimme des Sanften gleich der Stimme des Zornigen. Registriert wird eine schweigende Mehrheit derjenigen, für die Ruhe die erste Bürgerpflicht ist. Die Resultate sagen nichts aus über die Dynamik jener Minderheiten, die die Ruhe verachten oder verabscheuen.

Bei den Reichstagswahlen vom 28. Mai 1928 entfielen auf die Nationalsozialisten 2,6 Prozent, auf die Kommunisten 10,6 Prozent aller abgegebenen Stimmen. Die Mehrheit der ruhigen Bürger von 86,8 Prozent wurde vier Jahre später in eine Minderheit verwandelt. Das Ergebnis war die Machtergreifung der Harzburger Front. Bei geschickterer Taktik der Kommunisten hätte aber das Ergebnis auch die Machtergreifung einer Volksfront sein können. Die nach Macht hungernde Dynamik radikaler Minderheiten ist es, die plötzlich Teile der schweigenden Mehrheit in ihren Sog zieht und damit geschichtliche Entscheidungen erzwingt.

Diese Entscheidung fiel damals zugunsten derjenigen aus, die mit dem Wir-Gefühl der Nation operierten. Inzwischen haben auch die Kommunisten gelernt, den »Patrioten« zu verherrlichen und das Wir-Gefühl der Nation mit der Losung »Proletarier aller Länder, vereinigt Euch!« zu koppeln. Wo immer »vietnamisiert« wird, ist diese Koppelung festzustellen. Voraussetzung einer »Vietnamisierung« ist allerdings das Vorhandensein eines in der breiten Masse moralisch abqualifizierten Establishments. Das latent vorhandene Wir-Gefühl der Nation kann sich mit den Interessen des Establishments nicht identifizieren, weil es dieses als »Vorteilsempfängerverband« verachtet. Für gerissene »Bonzen im Speck« geht niemand auf die Barrikaden.

Mögen sie auch marktkonform sein, Provokationen des Rechtsempfindens nähren das Wir-Gefühl systemfeindlicher Gruppen. Der formalrechtlich einwandfreie Schutz der freien Verfügungsgewalt über spekulativen Hausbesitz beispielsweise formiert sogar ein dem Rechtsstaat feindliches Gruppen-Wir-Gefühl. Äußerungen des Wir-Gefühls der Nation werden entweder lächerlich oder wegen des Verdachts der Systemtreue verhaßt.

Die Frage, ob Extremismus aussichtslos ist oder nicht, wird so zu einer Frage der Moral des Establishments. Unterstellen wir saubere, dem Gemeinwohl hingegebene Subjekte des Geschehens diesseits der Barrikaden, dann fehlen den Subjekten des systemverändernden Geschehens die empörten Anhänger und der lange Atem, die Barrikaden zu halten. Revolutionäre degenerieren so zu intellektuellen Revoluzzern. Im anderen Fall degeneriert das System »Staat« zu einem Vorteilsempfängerverband.

Diese Alternative ist klar. Vermessen wäre jedoch eine Diagnose, welcher Alternative die größere Wahrscheinlichkeit zukommt. Die schweigende Mehrheit birgt das Geheimnis ihres Entscheidungspotentials auch vor Meinungsumfragen. Die schweigende Mehrheit, der eigentliche Souverän, ist blind. Dem Wahrnehmungsvermögen ist der Filter der Massenkommunikationsmittel vorgeschaltet. Wahrgenommen wird aus eigener Erfahrung nur ein winziger Ausschnitt der Wirklichkeit des Systems. Wer kann da ein Urteil wagen, inwiefern die Provokationen des Gerechtigkeitsempfindens durch den Markt der Macht dem System Wir-Gefühl entfremdeten und in opponierenden Gruppen ausbildeten? Wer will feststellen, inwieweit die unbewußte Sehnsucht nach Autorität, die die antiautoritären Bestrebungen trägt, bereits die Autorität eines Anti-Systems begründete? Die Entscheidung über Freiheit und Unfreiheit hängt nicht von den Milliarden ab, die für die von den Amerikanern bespöttelte »german hair force« ausgegeben werden, sondern davon, inwiefern die schweigende Mehrheit das System als zwar gelegentlich ärgerniserregend, aber im Prinzip doch als sauber und daher verteidigungswürdig empfindet.

»Wir wollen nicht lügen, stehlen oder betrügen und niemanden unter uns dulden, der so etwas tut.« So lautet der plakatierte Ehrenkodex der Kadetten an der Akademie der amerikanischen Luftwaffe. Wäre dieser auch für das bundesdeutsche Establishment maßgebend, hätte der Extremismus keine Chancen.

Tabelle I

Verschuldung der USA

| | Öl-Importe | Defizit des Bundeshaushalts | Außenbilanz der Liquidität Schulden | Guthaben | Saldo |
|---|---|---|---|---|---|
| | in Milliarden Dollar | | | | |
| 1970 | 3,0 | 11,4 | 47 | 14 | −33 |
| 1971 | 3,3 | 24,8 | 68 | 17 | −51 |
| 1972 | 4,3 | 17,4 | 83 | 20 | −63 |
| 1973 | 7,6 | 8,0 | 92 | 27 | −65 |
| 1974 | 26,1 | 10,9 | 119 | 46 | −73 |
| 1975 | 26,5 | 75,4 | 127 | 60 | −67 |
| 1976 | 34,1 | 56,0 | 151 | 81 | −70 |
| 1977 | 44,2 | 51,0 | 192 | 93 | −99 |
| 1978 | 41,6 | 44,0 | ? | ? | ? |

Quelle: International Financial Statistics, Washington

## Tabelle II
## Produktionsvergleich UdSSR – USA 1978

| | UdSSR | USA |
|---|---|---|
| Bevölkerung (Millionen) | 262 | 220 |
| darunter: | | |
| Erwerbspersonen | 127 | 100 |
| **Rohstoffe (Millionen Tonnen)** | | |
| Eisenerz | 131,9 | 53,2 |
| Manganerz | 3,0 | 0,0 |
| Chromerz | 0,9 | 0,0 |
| Asbest | 2,5 | 0,1 |
| Kupfer | 1,1 | 1,4 |
| Blei | 0,6 | 0,5 |
| Zink | 1,0 | 0,3 |
| Zinn | 17,0 | 0,0 |
| Nickel | 0,9 | 0,0 |
| Bauxit | 6,8 | 2,1 |
| **Industrielle Erzeugnisse (Millionen t)** | | |
| Stahl | 151,5 | 126,5 |
| Zement | 127,0 | 71,7 |
| Aluminium | 2,2 | 4,4 |
| Synthetische Fasern | 0,4 | 3,0 |
| Kunststoffe | 3,5 | 12,3 |
| Schwefelsäure | 22,4 | 35,9 |
| Soda | 4,9 | 3,3 |
| Ätznatron | 2,8 | 10,0 |

## Tabelle II

### Produktionsvergleich UdSSR – USA 1978

| | UdSSR | USA |
|---|---|---|
| | 1 000 Stück | |
| Zugmaschinen | 576 | 196 |
| Pkw | 1312 | 9176 |
| Lkw | 839 | 3716 |
| Fernseher | 7200 | 8860 |
| Waschmaschinen | 3700 | 4846 |
| Kühlschränke | 6100 | 5890 |
| Energieträger (Millionen Tonnen) | | |
| Steinkohle | 724 | 599 |
| Braunkohle | 164 | 26 |
| Erdöl | 572 | 428 |

Quelle: Statistisches Jahrbuch 1979